管理层权力、政府审计与高管侵占型职务犯罪：来自中国地方国有上市公司的经验证据

陈　丹　著

中国财经出版传媒集团
中国财政经济出版社

图书在版编目（CIP）数据

管理层权力、政府审计与高管侵占型职务犯罪：来自中国地方国有上市公司的经验证据 / 陈丹著. -- 北京：中国财政经济出版社，2022. 5

ISBN 978 - 7 - 5223 - 1317 - 7

Ⅰ. ①管… Ⅱ. ①陈… Ⅲ. ①上市公司－管理人员－职务犯罪－研究－中国 Ⅳ. ①D924. 304

中国版本图书馆 CIP 数据核字（2022）第 054468 号

责任编辑：李静　　　　责任校对：张凡

责任印制：张健

管理层权力、政府审计与高管侵占型职务犯罪：

来自中国地方国有上市公司的经验证据

GUANLICENG QUANLI、ZHENGFU SHENJI YU GAOGUAN QINZHANXING ZHIWU FANZUI：LAIZI ZHONGGUO DIFANG GUOYOU SHANGSHI GONGSI DE JINGYAN ZHENGJU

中国财政经济出版社 出版

URL：http：//www. cfeph. cn

E - mail：cfeph@ cfeph. cn

社址：北京市海淀区阜成路甲 28 号　邮政编码：100142

营销中心电话：010 - 88191522

天猫网店：中国财政经济出版社旗舰店

网址：https：//zgczjjcbs. tmall. com

北京财经印刷厂印刷　各地新华书店经销

成品尺寸：147mm × 210mm　32 开　6. 75 印张　160 000 字

2022 年 5 月第 1 版　2022 年 5 月北京第 1 次印刷

定价：32. 00 元

ISBN 978 - 7 - 5223 - 1317 - 7

（图书出现印装问题，本社负责调换，电话：010 - 88190548）

本社质量投诉电话：010 - 88190744

打击盗版举报热线：010 - 88191661　QQ：2242791300

内容摘要

20世纪90年代以来，随着市场经济体制的建立和企业独立经营权的逐步扩大，我国国有企业（以下简称国企）发展势态积极向上、欣欣向荣，然而高管人员的职务犯罪现象也在同步增加，其中侵占型职务犯罪所占比重最大，诱发因素最复杂。

从本质上来说，高管侵占型职务犯罪是高管人员利用职务便利谋取个人私利从而触犯刑律应受到刑事处罚的行为，包括贪污罪、受贿罪、内幕交易罪、挪用公款罪、巨额财产来源不明罪和私分国有资产罪，具有以不法手段侵吞公物和侵吞经手钱财使自身得利的特征，更广泛地出现在国有企业。

尽管国企高管侵占型职务犯罪是一种客观存在的易发多发现象，吞噬着国企的经营成果，严重扰乱我国社会经济秩序，破坏社会和谐与稳定，但与之有关的理论研究和实证研究并不多见。学术界从内部治理机制、外部治理约束、薪酬激励制度等方面对高管职务犯罪诱发原因展开了研究和探索，但是多数文献忽视了区分高管职务犯罪类型的细化研究，其研究发现和结论对国企高管侵占型职务犯罪所产生的防范和治理效果有待商榷。而以张蕊教授为代表的部分学者对高管侵占型职务犯罪展开了仅有的深入研究和探讨，其研究视角广泛，不过尚未充分考虑国企放权改革背景下管理层权力膨胀这一因素对高管侵占型职务犯罪的影响，这为本书的研究提供了新的空间。

1984年以来，我国政府推行对国企授权放权的改革，中央或地方政府将权力向下转移，导致国企内部的管理层权力得到前所未有的增强。在放权改革进程中，政府推行的“一把手”负责制导致企业的人、财、物大权集中在身兼党委书记、董事长或总经理职务的领导手中，管理层道德风险问题突显。而相比中央控股企业，地方国有上市公司委托代理关系更复杂，放权改革下的管理层道德风险问题更严重。放权改革是滋生地方国企高管侵占型职务犯罪的潜在制度诱因吗？管理层权力集中与高管侵占型职务犯罪之间是否存在必然的内在联系？若是，其作用机理又是怎样的？倘若管理层权力是侵占型职务犯罪的关键诱因，那么将权力关进制度的笼子，即通过一种机制来制衡管理层权力以及治理权力诱发高管侵占型职务犯罪，将是一种有效的治理方法。在党和政府的文件中，政府审计一直被视为重要的权力制约和监督机制。2018 年，党的十九届三中全会提出，加强和优化党对审计工作的领导，成立中央审计委员会，整合和优化经济监督资源力量，增强审计监督效能，剑指“权力滥用”。政府审计成为近年来国内研究的热点，现有研究聚焦于政府审计制约政府部门和官员的公共权力领域，从政府审计的动因、本质、路径等方面围绕政府审计和权力制约之间的关系展开了广泛讨论，然而缺乏对地方国企这一微观组织中管理层权力的关注。政府审计能否对地方国企管理层权力产生制约作用，从而抑制高管侵占型职务犯罪的发生？若能，作用机理是什么？对以上问题的系统回答，有助于深化认识高管侵占型职务犯罪的诱因和推动高管侵占型职务犯罪的治理实践工作。

基于理论和现实的需要，本书结合我国国企放权改革和政府审计监督的制度背景，探究管理层权力、政府审计和高管侵占型职务犯罪之间的关系。首先，对高管职务犯罪、管理层权力、政府审计的相关文献进行梳理、归纳、总结并作出相应评述。其次，对管理层权力的概念和维度、高管侵占型职务犯罪的概念和类型、政府审计的涵义以及相关制度背景和理论解释依据予以介绍。再次，借助理论解释依据，即委托代理理论、寻租理论、舞弊三角理论、权力制约理论，遵循“管理层权力集聚——权力寻租——高管侵占型职务犯罪——政府审计治理”的整体分析框架，具体分析管理层权力诱发高管侵占型职务犯罪的因素和路径、政府审计对管理层权力诱发高管侵占型职务犯罪的制约本质和治理路径，进而提出假设和建立实证模型。然后，选取 2003—2015 年沪深两市的地方国有上市公司作为研究对象，实证检验管理层权力、政府审计和高管侵占型职务犯罪的关系。最后，针对本书的研究主题和回归结果，结合我国的相关制度背景提出有针对性的政策监管和审计实务建议。总体而言，本书取得了以下两个方面的研究结论。

第一，管理层权力的强度和高管侵占型职务犯罪的发生概率呈正相关。全民所有权虚置和委托代理链条多层级使我国地方国企的实际控制权集聚在管理层手中，在动机（压力）、机会和借口三个方面因素依次作用下，管理层权力引发了高管实施侵占型职务犯罪这种权力寻租和利益攫取行为。管理层权力是促使地方国企高管实施侵占型职务犯罪活动的动机（压力）来源，激发高管积极寻找或主动创造实施侵占型职务犯罪的机会，导致剩余控制权和剩余索取权不对等成为高管实施侵占型职务犯罪的借口。其中，从单一路径来看，一是在权力所形成的财富趋近压力状态下，地方国企高管盲目关注侵占型职务犯罪活动所产生的收益，低估潜在声誉风险和牢狱风险，压力膨胀使高管实施侵占型职务犯罪的风险意识弱化，将财富需求转化为实际犯罪行为的动机形成。通过风险意识的作用，管理层性别差异和地区官员腐败程度对高管侵占型职务犯罪动机的形成产生了一定影响。由于女性具备风险规避特征，女性高管占比低会从动机方面强化管理层权力对高管侵占型职务犯罪的诱发作用，因而女性高管利用权力实施侵占型职务犯罪的可能性低于男性高管。地区官员腐败程度越高，管理层权力诱发高管侵占型职务犯罪的可能性越大，即地区官员腐败的示范效应会从动机方面强化管理层权力对高管侵占型职务犯罪的诱发作用。二是地方国企内外部监督不到位导致监管环境薄弱，为高管实施侵占型职务犯罪提供了有利的客观环境，高管进而可以利用权力干扰内部控制质量和任意支配自由现金流的使用，在企业内部主动创造寻租空间，形成实施侵占型职务犯罪的机会。内部控制质量受到管理层权力的消极影响，内部控制质量越低，从机会方面来看，管理层权力对高管侵占型职务犯罪的诱发作用越强。自由现金流越多，管理层权力诱发高管侵占型职务犯罪的可能性越大，即自由现金流量的增加从机会方面强化了管理层权力对高管侵占型职务犯罪的诱发作用。三是管理层权力强化了地方国企高管的自尊意识，进而导致薪酬期望提高，而当高管的薪酬期望无法得到满足时，剩余控制权和剩余索取权不对等成为高管实施侵占型职务犯罪的借口。内外部薪酬差距会进一步影响高管对于个人薪酬期望是否得到满足的评价，促使高管实施侵占型职务犯罪借口的形成。无论是外部薪酬差距还是内部薪酬差距，薪酬差距越小越会从借口方面强化管理层权力对高管侵占型职务犯罪的诱发作用。从管理层权力诱发高管侵占型职务犯罪的整体路径来看，首先权力导致动机（压力）增大，其次高管为了释放压力进而寻找或创造机会，最后构思貌似合理化的借口。动机（压力）、机会和借口呈现出递进式影响高管“理性”决策是否实施侵占型职务犯罪。管理层权力维度中的结构权力、所有权权力、声望权力更易诱发高管侵占型职务犯罪，而专家权力被用于经营管理活动的可能性要大于被用于侵占型职务犯罪活动。管理层权力对犯罪人数和犯罪金额有显著正向影响，而对犯罪罪名数的影响并不显著。高管侵占型职务犯罪是一种非生产性质的活动，会造成公司资产大量流失和掏空企业，此不法行径在被曝光之前就已经在悄然蚕食企业价值，这说明对高管侵占型职务犯罪加强治理有着现实的必要性和紧迫性。通过替换管理层权力的度量方式、双向聚类处理、PSM 方法形成配对样本、替换极值处理方法的稳健性测试，本书发现主测试的结论较为可靠。

第二，政府审计能有效治理管理层权力诱发的高管侵占型职务犯罪。作为一种监督和制约机制，政府审计通过加大审计投入力度和审计问责力度，从管理层权力诱发高管侵占型职务犯罪路径的源头出发，着力于管理层权力寻租的动机和机会，对管理层权力诱发高管侵占型职务犯罪产生治理作用。其中，财务收支审计、经济责任审计和专项跟踪审计使得所有国有资产、国有资源都在政府审计监督之下，政府审计揭露功能的发挥可以增大侵占型职务犯罪行为曝光的可能性，而政府审计惩处功能的发挥将给潜在不法高管造成“伸手必被捉”的巨大心理压力，从而强化高管的寻租风险意识和削弱管理层权力寻租的动机。政府审计通过关注地方国企内部控制的建立和运行情况，发现企业内部管理方面的漏洞并提出完善建议，可以提升内部控制质量，从企业内部压缩管理层权力寻租的空间，有效防止权力滥用和失控导致的高管侵占型职务犯罪。基于法律法规的权威规定、我国最高领袖的高度重视所保障的审计长效性，政府审计机关在组织、权力、工作、经费方面的超然独立性以及在审计方式、审计内容和审计方法上体现出的专业性，政府审计可以加强地方国企的外部监管环境，减少侵占型职务犯罪所需的外部机会。政府审计投入力度和政府审计问责力度的加大对内部控制总质量和五要素质量的提升皆有所裨益，能够有效减少管理层权力诱发高管侵占型职务犯罪的内部机会。政府审计投入和政府审计问责对管理层权力诱发高管侵占型职务犯罪的治理作用会在相对完善的制度环境下得到进一步强化，即制度环境和政府审计存在互补效应。政府审计投入对管理层权力诱发高管侵占型职务犯罪的治理作用会在媒体监督程度提高时得到进一步强化，而政府审计问责治理效应并没有受到媒体监督的显著影响。当 CPA 审计质量较低时，政府审计投入和政府审计问责对管理层权力诱发高管侵占型职务犯罪的治理作用更加明显，即政府审计与 CPA 审计存在替代效应。通过将政府审计投入和政府审计问责滞后一期、替换政府审计投入和政府审计问责的度量方式、替换管理层权力的度量方法、双向聚类处理、PSM 方法形成配对样本、替换极值处理方法的稳健性测试，本书发现主测试的结论较为可靠。

综上所述，本书在理论分析管理层权力诱发高管侵占型职务犯罪以及政府审计治理作用的基础上，以我国地方国有上市公司为研究对象，实证检验管理层权力、政府审计与高管侵占型职务犯罪三者之关联，以期有助于深化认识管理层权力，提升政府审计在微观企业层面的治理作用，推动高管侵占型职务犯罪的治理实践工作。本书可能的创新在于：从管理层权力视角出发，进行管理层权力诱发高管侵占型职务犯罪的因素和路径分析，丰富了高管侵占型职务犯罪影响因素的相关文献；将管理层权力与高管侵占型职务犯罪这一极端经济后果联系起来，拓展了管理层权力经济后果的研究视角；将政府审计置于高管侵占型职务犯罪监督治理体系当中，系统论述政府审计对地方国企这一微观组织中管理层权力的制约本质和对权力诱发高管侵占型职务犯罪的治理路径，实证检验政府审计的治理效应，为高管侵占型职务犯罪的治理对策提供具有说服力的增量经验证据。本书主要提出以下政策建议：引导国企高管树立正确的权力运用观；积极探索高管侵占型职务犯罪风险导向的大数据审计模式；从稳步推进政府审计覆盖范围、建立审计经费保障机制、努力推进政府审计人员职业化建设、建立健全政府审计问责制度方面加大政府审计投入力度和问责力度。此外，为了促进政府审计更高效地治理高管侵占型职务犯罪，建议进一步完善制度环境，尤其是减少政府对审计工作的干预和提升法制水平；完善媒体监督机制，加强政府审计与新闻媒体的互动；在政府审计资源紧张之时注重利用 CPA 审计力量，化解有限审计资源与众多审计任务的矛盾。

目　录

第1章 导 论

本章基于对现实情况的考察，首先，明确本书的研究主题为高管侵占型职务犯罪，并围绕研究主题阐述研究背景与意义；然后，介绍研究目标与内容、研究思路与方法；最后，概括说明本书可能的创新点。

1.1 研究背景与意义

1.1.1 研究背景

20世纪90年代以来，随着市场经济体制的建立和企业独立经营权的逐步扩大，我国国企发展势态积极向上、欣欣向荣，然而高管人员的职务犯罪现象也在同步增加。据《法人》杂志发布的《中国企业家犯罪报告》统计显示，高管职务犯罪涉案人数和涉案金额在2009—2015年一直居高不下。其中，侵占型职务犯罪所占比重最大，诱发因素最复杂（张蕊，2012）。从本质上来说，高管侵占型职务犯罪是高管人员利用职务便利为了谋取个人私利从而触犯刑律并应受到刑事处罚的行为，包括贪污罪、受贿罪、内幕交易罪、挪用公款罪、巨额财产来源不明罪和私分国有资产罪，具有以不法手段侵吞公物和侵吞经手钱财使自己得利的特征，更广泛地出现在国有企业（张蕊和管考磊，2016）。

尽管国企高管侵占型职务犯罪是一种客观存在的易发多发现象，吞噬着国企的经营成果，严重扰乱我国社会经济秩序，破坏社会和谐与稳定，但与之有关的理论研究和实证研究并不多见。现有文献从内部治理机制、外部治理约束、薪酬激励制度等方面对高管职务犯罪产生原因展开了研究：一是从内部治理机制来看，高管职务犯罪是以高管为中心的企业内部治理水平低下和监督机制脆弱的直接表现（李维安，2005；庞金勇和杨延村，2007；Hirsch 和 Watson，2010；Yalamov 和 Belev，2011）；二是从外部治理约束来看，除了短期债务约束和产品市场竞争能够对企业的高管犯罪行为起到明显的抑制作用（卢馨等，2015），经理人才市场、法律保护制度、媒体监督由于尚未发育健全，对高管职务犯罪的约束力有限（Dyck 和 Zingales，2004；李维安，2005；金泽刚和于鹏，2009；Houston 等，2011；卢馨等，2015）；三是从薪酬激励制度来看，薪酬激励制度不合理成为高管进行包括侵占型职务犯罪在内的犯罪行为的一个重要借口（任惠华和刘琦，2015；卢馨等，2015），政府薪酬管制恶化了企业高管职务犯罪（徐细雄和刘星，2013）。多数文献忽视了区分高管职务犯罪类型的细化研究，其研究发现和结论对国企高管侵占型职务犯罪所产生的防范和治理效果有待商榷。而以张蕊教授为代表的部分学者对高管侵占型职务犯罪展开了仅有的深入研究和探讨，从经营者财产经营责任约束弱化、契约的不完备性、经理人市场机制缺陷的角度分析了企业高管侵占型职务犯罪的机理（张蕊，2011），根据舞弊三角理论从压力、机会和借口三个方面进一步归纳总结了高管侵占型职务犯罪的产生原因（张蕊，2012），基于会计视角研究了国企高管侵占型职务犯罪的特征、会计调查和防范（张蕊，2011；张蕊和陈剑洪，2013），从企业高管薪酬差距的视角实证检验了高管薪酬差距对侵占型职务犯罪的影响（张蕊和管考磊，2016）。上述研究视角广泛，不过尚未充分考虑国企放权改革背景下企业管理层权力膨胀这一因素对侵占型职务犯罪的影响，这为本书的研究提供了新的空间。

1984 年以来，我国政府推行对国企授权放权的改革，中央或地方政府将权力向下转移，导致国企内部的管理层权力得到前所未有的增强。而在放权改革进程中，政府推行的“一把手”负责制导致企业的人、财、物大权集中在身兼党委书记、董事长或总经理职务的领导手中（徐细雄和谭瑾，2013）。相比中央控股企业，地方国有上市公司委托代理关系更复杂，放权改革下的管理层道德风险问题更严重（权小锋等，2010）。那么，放权改革是滋生我国地方国企高管侵占型职务犯罪的潜在制度诱因吗？管理层权力集中与高管侵占型职务犯罪之间是否存在必然的内在联系？若是，其作用机理又是怎样的？

倘若管理层权力是侵占型职务犯罪的关键诱因，那么将权力关进制度的笼子，即通过一种机制来制衡管理层权力以及抑制权力诱发高管侵占型职务犯罪，将是一种有效的治理方法。在党和政府的文件中，政府审计一直被视为重要的权力制约和监督机制（郑石桥，2014）。党的十六大报告提出运用审计对权力进行制约，党的十七大报告强调重点加强对领导干部的质询问责和经济责任审计，党的十八大报告指出要加强对重点专项资金和重大投资项目的审计。2018 年，党的十九届三中全会提出加强和优化党对审计工作的领导，成立中央审计委员会，整合和优化经济监督资源力量，增强审计监督效能，剑指“权力滥用”。政府审计受到我国最高领袖的高度重视，这一权力制约和监督机制成为近年来的国内研究热点。现有研究聚焦于政府审计制约政府部门和官员的公共权力领域，从政府审计的动因、本质、路径等方面围绕政府审计和权力制约的关系展开了广泛讨论（蔡春和李江涛，2009；刘家义，2011；戚振东和尹平，2013；戚振东等，2015），然而缺乏对地方国企这一微观组织中管理层权力的关注。政府审计能否对地方国企管理层权力产生制约作用，从而抑制高管侵占型职务犯罪的发生？若能，作用机理是什么？上述问题值得我们去认真思考和研究。

1.1.2 研究意义

鉴于上述问题在实务上和学术上的重要性，本书结合我国国企放权改革和政府审计监督的制度背景，探究管理层权力、政府审计和高管侵占型职务犯罪之间的关系。具体而言，本书具有以下理论和实践方面的研究意义。

（1）本书丰富了相关的研究文献。其一，从管理层权力的视角丰富了高管侵占型职务犯罪影响因素的文献。以往关于高管侵占型职务犯罪影响因素的研究基本是从公司治理、薪酬激励和内部控制制度安排的角度出发，鲜有管理层权力诱发企业高管侵占型职务犯罪的机理分析和经验证据。本书研究弥补这一不足，运用委托代理理论、寻租理论和舞弊三角理论对管理层权力诱发高管侵占型职务犯罪进行机理分析，并且通过实证研究揭示管理层权力与高管侵占型职务犯罪之间的关系，试图从管理层权力的视角为高管侵占型职务犯罪影响因素的研究作出边际贡献。其二，将政府审计置于高管侵占型职务犯罪监督治理体系当中，运用权力制约理论和舞弊三角理论系统论述政府审计在高管侵占型职务犯罪治理中的权力制约本质和作用机理，并实证检验政府审计的审计投入和审计问责对管理层权力诱发高管侵占型职务犯罪的治理作用，丰富了高管侵占型职务犯罪治理方面的文献。

（2）本书的理论研究和实证分析具有一定的实践意义。一方面，以地方国有上市公司的高管侵占型职务犯罪作为研究对象，探讨管理层权力诱发高管侵占型职务犯罪的内在机理，对于深化认识管理层权力、促进国企改革、完善市场经济体制有一定的现实意义。另一方面，研究政府审计如何抑制管理层权力和治理高管侵占型职务犯罪这一问题，能够对于提升政府审计在微观企业层面的治理作用以及推动高管侵占型职务犯罪的治理实践工作提供有益的补充和参考。

1.2 研究目标与内容

1.2.1 研究目标

政府放权改革背景下的地方国企高管侵占型职务犯罪问题引起学术界和实务界的强烈关注，研究高管侵占型职务犯罪的诱因和治理机制能让我们增强对这一问题的认识。因此，本书选取2003—2015年沪深两市的地方国有上市公司作为研究对象，以规范分析和实证分析为工具，从管理层权力视角研究高管侵占型职务犯罪的诱因，从政府审计视角研究高管侵占型职务犯罪的治理机制，试图达到以下研究目标。

第一，理论分析管理层权力诱发高管侵占型职务犯罪以及政府审计治理高管侵占型职务犯罪（尤其是管理层权力诱发的高管侵占型职务犯罪）的作用机理，并构建一个整体的机理分析框架。

第二，实证分析管理层权力、政府审计和高管侵占型职务犯罪三者之间的关系，并进一步分析该关系的影响因素或约束条件，从而为高管侵占型职务犯罪的影响因素和治理对策提供具有说服力的增量经验证据。

第三，在总结上述理论分析及实证检验的基础上，对正确对待管理层权力问题与完善政府审计监督机制提出相关的参考意见和建议，以期为我国监管部门治理地方国有上市公司的高管侵占型职务犯罪提供有益的思路。

1.2.2 研究内容

本书以企业自主经营权扩大以来频繁发生的高管侵占型职务犯罪现象作为研究地方国企问题的一个切入视角，以政府审计作为影响管理层权力与高管侵占型职务犯罪关系的一个重要治理机制，围绕管理层权力、政府审计和高管侵占型职务犯罪的三者关系展开理论研究和实证分析。具体而言，本书主要包括以下研究内容。

（1）对高管职务犯罪的产生原因与治理对策、管理层权力的经济后果和衡量、政府审计的经济后果和衡量的相关文献进行梳理、归纳、总结，并作出相应评述。

（2）对管理层权力的概念和维度、高管侵占型职务犯罪的概念和类型、政府审计的含义以及相关制度背景和理论解释依据予以介绍。

（3）借助理论解释依据，即委托代理理论、寻租理论、舞弊三角理论、权力制约理论，遵循“管理层权力集聚——权力寻租——高管侵占型职务犯罪——政府审计治理”的整体分析框架，具体分析管理层权力诱发高管侵占型职务犯罪的因素和路径、政府审计治理管理层权力诱发高管侵占型职务犯罪的本质和路径，进而提出假设和建立实证模型。

（4）选取2003—2015年沪深两市的地方国有上市公司作为研究对象，对管理层权力诱发高管侵占型职务犯罪进行实证检验，包括管理层权力诱发高管侵占型职务犯罪的整体作用分析、从管理层性别差异和地区官员腐败程度方面进行管理层权力诱发高管侵占型职务犯罪的动机分析、从内部控制质量和自由现金流方面进行管理层权力诱发高管侵占型职务犯罪的机会分析、从薪酬差距方面进行管理层权力诱发高管侵占型职务犯罪的借口分析。进一步地，进行诱发高管侵占型职务犯罪的管理层权力维度分析、管理层权力诱发的高管侵占型职务犯罪程度分析、高管侵占型职务犯罪的经济后果分析。

（5）选取2003—2015年沪深两市的地方国有上市公司作为研究对象，对政府审计治理管理层权力诱发高管侵占型职务犯罪进行实证分析。考察政府审计对管理层权力诱发高管侵占型职务犯罪的整体治理作用之后，进一步地，考察政府审计对内部控制质量的提升作用（减少管理层权力诱发高管侵占型职务犯罪的内部机会）以及政府审计与制度环境、媒体监督、CPA审计在治理管理层权力诱发高管侵占型职务犯罪方面是否存在互补效应或替代效应。

（6）针对本书的研究主题和回归结果，结合我国的相关制度背景提出有针对性的政策监管和审计实务建议。

1.3 研究思路与方法

1.3.1 研究思路

本书的研究思路是：首先，基于对现实情况的考察，明确本书的研究主题为地方国有上市公司的高管侵占型职务犯罪。其次，通过回顾与研究主题相关的国内外理论和文献，归纳和总结现有研究成果的贡献和不足，挖掘出新的研究视角——管理层权力和政府审计，从而确定本书拟解决的以下关键问题。一是管理层权力是否会诱致高管侵占型职务犯罪？作用机理是什么？二是倘若管理层权力诱发高管侵占型职务犯罪，那么应该如何治理高管侵占型职务犯罪（尤其是管理层权力诱致的高管侵占型职务犯罪）？政府审计能否有效治理高管侵占型职务犯罪？作用机理是什么？并构建一个整体的机理分析框架，在理论分析的基础上提出待检验的各个假设。然后，根据研究设计和模型构建，运用我国资本市场中地方国有上市公司的数据对假设进行实证检验。最后，依据实证检验的结果，形成研究结论，提出政策建议，进行研究展望。具体的研究技术路线如图1－1所示。

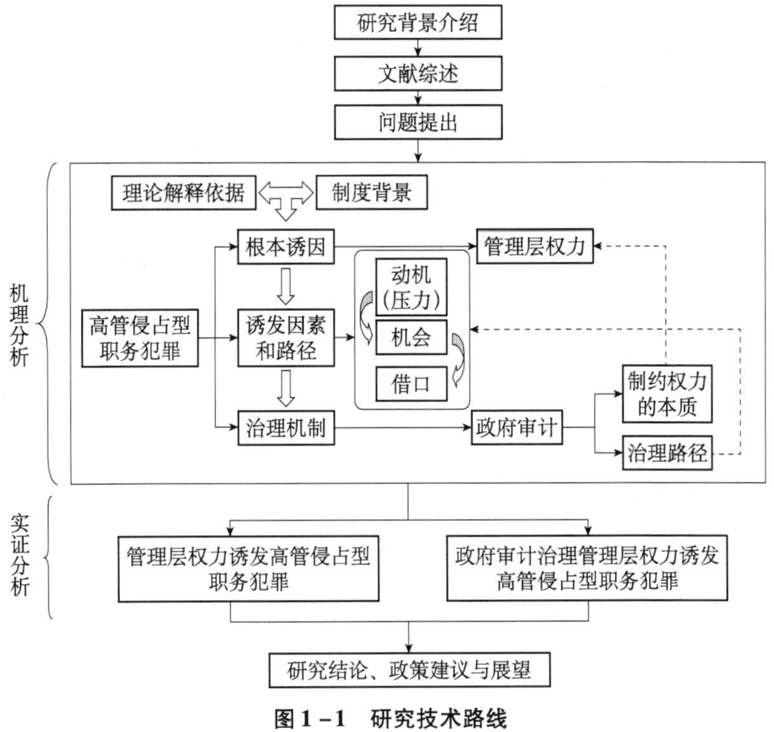

图1－1 研究技术路线

1.3.2 研究方法

本书采用规范分析和实证分析相结合的研究方法，其中规范分析法涉及文献研究法和逻辑推理法。

（1）文献分析法。通过回顾和梳理高管职务犯罪、管理层权力和政府审计的相关文献，确定本书的研究主题和拟解决的关键问题，为机理分析框架的建立和研究假说的提出奠定基础。该方法主要运用于文献综述和假说提出部分。

（2）逻辑推理法。主要以委托代理理论、寻租理论、舞弊三角理论、权力制约理论为理论解释依据，结合我国的现实国情和制度背景，构建“管理层权力集聚——权力寻租——高管侵占型职务犯罪——政府审计治理”的整体分析框架，对变量之间的作用机理进行充分的逻辑推理，为后续研究假说的建立提供理论支撑。

（3）实证研究法。以计量经济学为基础，构建实证模型，搜集我国地方国有上市公司的相关经验数据，并运用 Excel 2007 和 Stata 13.0 统计软件进行相应的数据处理和统计分析，为研究假说提供经验证据上的支持或否定。实证分析中运用的统计方法主要包括主成分分析、描述性统计分析、相关性分析、二项 Logit 回归分析、OLS 回归分析和倾向得分匹配分析。

1.4 研究创新

较之以往的国内外文献，本书在以下三点有所创新。

第一，现有研究主要从经营者财产经营责任约束弱化、契约的不完备性、经理人市场机制缺陷的角度分析了高管侵占型职务犯罪的产生原因（张蕊，2011；张蕊，2012），从企业高管薪酬差距的视角实证检验了高管薪酬差距对侵占型职务犯罪的影响（张蕊和管考磊，2016），基于会计视角研究了国企高管侵占型职务犯罪的特征、会计调查和防范（张蕊，2011；张蕊和陈剑洪，

2013），本书则从管理层权力视角出发，进行管理层权力诱发高管侵占型职务犯罪的因素和路径分析，丰富了高管侵占型职务犯罪影响因素的相关文献。

第二，不同于以往管理层权力对高管薪酬（Bebchuk 和 Fried，2004；陈冬华等，2005；Bolton 等，2006；Rajan 等，2006；卢锐等，2008；吕长江和赵宇恒，2008；Morse 等，2011；Cheng 和 Indjejikian，2009；陈信元等，2009；权小锋等，2010；徐细雄和刘星，2013）、公司治理效率（Beasley，1996）、公司财务行为（Grinstein 和 Hribar，2004；Hartzel 和 Ofek，2004；干胜道和胡明霞，2014；卢馨等，2014；赵息和张西栓，2013）等方面影响的研究，本书将其与高管侵占型职务犯罪这一极端经济后果联系起来，拓展了管理层权力经济后果的研究视角。

第三，本书将政府审计置于高管侵占型职务犯罪监督治理体系当中，系统论述政府审计对地方国企这一微观组织中管理层权力的制约本质和对权力诱发高管侵占型职务犯罪的治理路径，从审计投入和审计问责角度实证检验政府审计的治理效应，并进一步分析该治理效应的影响因素或约束条件，为高管侵占型职务犯罪的治理对策提供具有说服力的增量经验证据。

第2章 文献综述

本章主要围绕有关高管职务犯罪、管理层权力、政府审计领域的文献进行回顾和梳理，并按照研究内容、研究视角、研究结论等进行简要分类与归纳，分析现有研究的贡献和可进一步拓展的方向，并提出本书预期要解决的问题。

2.1 高管职务犯罪的相关研究

侵占型职务犯罪是高管职务犯罪中数量最多的一种类型，但是当前针对高管侵占型职务犯罪的研究较为少见。鉴于此，本书主要回顾和梳理高管职务犯罪领域的文献。根据本书研究主题，下文从高管职务犯罪的产生原因和治理对策这两个方面进行综述。

2.1.1 高管职务犯罪的产生原因

（1）公司治理方面。公司内部治理机制不完善和外部治理约束失效导致高管职务犯罪频繁发生。

从内部治理机制来看，高管职务犯罪是以高管为中心的企业内部治理水平低下和监督机制脆弱的直接表现（Yalamov 和 Belev，2011）。公司治理结构构建不合理和高管控制权配置不均衡导致公司治理体系存在漏洞，进而滋生并加剧了高管职务犯罪现象（Hirsch 和 Watson，2010）。财务信息透明度低、企业内部权力集中、高管权责失衡是导致高管职务犯罪的三个主要原因（Yalamov 和 Belev，2011）。

相对于国外的公司治理问题，我国的公司治理问题不仅仅体现为内部治理机制的不完善，还包括与中国经济体制以及国企的特殊性有关的一股独大和所有者缺位等深层次问题，在国企中贪污贿赂、利益输送、资产流失等高管职务犯罪现象更加严重。一股独大下的支配权滥用、关联交易难监管、缺乏股东保护机制和董事责任制度是国企高管职务犯罪产生的根源。大量出现的国企高管职务犯罪是行政型治理向经济型治理转换过程中形成的治理失控，是公司治理转轨过程中累积风险的释放过程（李维安，2005）。有关高管职务犯罪的实证研究也支持了上述观点。Wu X.（2005）利用跨国样本考察了公司治理和高管职务犯罪之间的关系，结果发现公司治理水平会显著影响企业高管职务犯罪的发生。庞金勇和杨延村（2007）进一步研究了公司治理的某个方面与企业高管职务犯罪之间的关系，结果表明股权制衡度、控股股东产权性质、董事会规模、监事会规模、独立董事在董事会的占比、审计委员会的设立、董事长与总经理两职合一等公司治理因素对企业高管犯罪具有显著的影响。

从外部治理约束来看，除了短期债务约束和产品市场竞争能够对企业高管犯罪行为起到明显的抑制作用（卢馨等，2015），经理人才市场、法律保护制度、媒体监督由于尚未发育健全，对高管职务犯罪的约束力有限。当前我国经理人市场竞争仅仅降低了非国企高管职务犯罪的发生概率，这种抑制效应在国企中不存在或不明显（张蕊，2011；卢馨等，2015）。此外，资本市场的法律保护制度不健全（Dyck 和 Zingales，2004）、法律制度的建设严重滞后于快速发展的市场经济、案件的查处和移送缺乏具体标准、经济犯罪圈入罪门槛偏高、刑罚设置不尽合理、司法裁量失当（金泽刚和于鹏，2009）、执法不够严格（卢馨等，2015）、高管人员违法成本低（李维安，2005）、社会媒体缺乏足够的自由话语权和有效监督渠道（Houston 等，2011；卢馨等，2015），也成为诱发上市公司高管职务犯罪的重要因素。

（2）薪酬激励方面①。包括国企在内的中国上市公司的高管之所以实施犯罪活动，一个主要原因在于许多企业还未建立起长期的薪酬激励机制，而对于已经建立激励机制的企业也存在逆向选择和多任务激励等问题（曾威，2013）。薪酬激励制度不合理成为高管实施职务犯罪行为的一个重要借口（张蕊，2011；张蕊，2012；任惠华和刘琦，2015；卢馨等，2015）。在其他因素不变的情形下，政府薪酬管制恶化了企业高管职务犯罪（徐细雄和刘星，2013）。按照参照点契约理论的基本逻辑，薪酬契约低效或薪酬契约受到政府管制而偏离业绩贡献时，高管无法通过常规市场化渠道获得激励的时候会产生自我利益被侵蚀的消极心理感知，进而通过贪污、受贿、职务侵占等犯罪途径寻找替代性薪酬激励，以弥补正式薪酬契约中遭受的损失（陈冬华等，2005；陈信元等，2009；徐细雄和刘星，2013）。张蕊和管考磊（2016）研究表明，内部薪酬差距会诱发高管侵占型职务犯罪。上述研究得出相同的结论：薪酬激励机制失效导致委托人与代理人的利益背离，增加了公司高管进行“寻租”的借口，进而促使高管职务犯罪的产生。但是，Pradyot（2007）并不认同薪酬激励机制中的股权激励能够抑制高管职务犯罪，经研究发现高管持股份额的增加不一定会减弱其犯罪倾向，当高管犯罪的收益和相应的惩罚增加时，高管会

① 鉴于薪酬激励方面的文献涉及薪酬管制这一制度背景，本书将薪酬激励的文献单独综述，并未将其纳入公司治理方面。

采取混合策略，间断性实施犯罪活动，除非犯罪收益完全被惩罚所抵消。赵璨等（2013）实证研究发现在地方国企高薪并不能抑制高管职务犯罪。因此，从薪酬激励方面瓦解高管实施职务犯罪的借口可能并不是降低高管职务犯罪率的关键。

（3）内部控制制度方面。国企产权主体模糊、国企高管任命制和任期长的弊端导致内部控制制度失效，导致高管侵占型职务犯罪频繁发生（张蕊和陈剑洪，2013）。财务管理机制不健全、企业内部机构虚设化和企业决策程序形式化（任惠华和刘琦，2015）、内部控制缺乏或执行不到位（张蕊，2011；张蕊，2012）以及高管独断专行的集权式企业文化（卢馨等，2015）造成内部控制管理体系异常薄弱，进而成为国企高管职务犯罪发生的机会。

2.1.2 高管职务犯罪的治理

当前学者们从公司治理、薪酬制度、内部控制、内外部审计监督、财务信息透明度、外部治理约束、法律制度安排和市场化改革等角度对高管职务犯罪现象提出了不同的治理对策。

具体而言，高管职务犯罪的治理对策包括：建立公司治理评价体系，针对行业和个别企业进行公司治理的诊断，建立公司治理风险预警和防范机制（李维安，2005）；健全企业内部组织架构，优化企业控制权配置，增加董事会中独立董事占比，形成有效的权力约束与制约机制（Aghion 和 Bolton，1992；Hart，2001；Hirsch 和 Watson，2010；张蕊，2011；张蕊，2012）；建立业绩导向型市场化薪酬制度，减少国企高管履约的道德风险（张蕊，2011；徐细雄，2012；曾威，2013；张蕊和管考磊，2016）；将内部控制制度深度嵌入公司治理之中，出台防范高管职务犯罪的内部控制专项制度，重点发挥内部环境、信息与沟通、内部监督这三个要素对高管职务犯罪的防控作用（张蕊，2011），通过确保财务报告的真实性、限制管理层虚假信息的披露、防范违规关联性交易等方式直接抑制高管职务犯罪（胡明霞和干胜道，2015；周美华等，2016），削弱薪酬差距和职务犯罪的相关性（赵璨等，2013）；加强内部审计创新，在国企建立纪检、监察和内部审计“三位一体”大监督机制，搭建内部审计监督信息平台，重视外部独立审计的作用，完善会计审计法规和大力发展法务会计（李若山等，2002）；建立公开透明的内部信息披露制度，提升企业会计准则执行力度和企业财务信息透明度，严格规范企业财务运行过程（Wu X.，2005；Zarb，2011；张蕊和陈剑洪，2013；卢馨等，2015）；建立职业经理人培养和流动机制，完善职业经理市场，利用声誉激励机制对契约激励出现的逆向选择修复和纠偏（张蕊，2012；曾威，2013；张蕊和陈剑洪 2013；卢馨等，2015）；鼓励媒体监督国企高管职务犯罪问题，加强媒体的外部监督职能（卢馨等，2015；杨德明和赵璨，2015；翟胜宝等，2015）；重视债务约束的外部公司治理作用，在合理范围内优化负债期限结构（卢馨等，2015）；在立法层面进一步明确经济犯罪案件查处和移送的标准，规范刑事司法与行政执法的衔接机制，修改完善相关罪名和法定刑，在刑罚体系中增设资格刑，加大上市公司高管违法行为的民事与刑事责任，在执法层面严格依法处理（金泽刚和于鹏，2009；张蕊和管考磊，2016）；积极推进市场化改革以及减少政治干预（Su 和 Littlefield，2001；徐细雄和刘星，2013；卢馨等，2015）。

现有研究往往把高管职务犯罪的诱因与治理结合起来加以考察，例如，将加强薪酬激励和完善内部控制视为解决企业代理问题的治理机制。如此治理属于“对症下药”，抑或“头痛医头，脚痛医脚”？有研究认为薪酬契约本身就是造成代理问题的原因（Bebchuk，2002），内部控制制度会由于受制于内部权力而沦为代理问题的一部分（胡明霞等，2015）。因此，需要考虑高管职务犯罪的根源，寻找较为有效的治理机制。

2.2 管理层权力的相关研究

2.2.1 管理层权力的经济后果

管理层权力的经济后果受到较多学者的关注，研究内容集中于高管薪酬、公司治理效率、公司财务行为等方面，取得了较为丰富的研究成果。

（1）管理层权力和高管薪酬。现有研究表明，管理层权力是影响高管薪酬的重要因素。卢锐（2008）认为管理层权力弱化了公司治理，使得薪酬机制成为代理问题的来源。Morse 等（2011）发现了薪酬挖掘现象，强权 CEO 会诱使董事会使用能够让业绩更加漂亮的评价指标，从而获得更高的薪酬。权力使得高管的薪酬寻租能力增强以及薪酬水平更高（Bebchuk 和 Fried，2004；卢锐等，2008；吕长江和赵宇恒，2008；Morse 等，2011；Cheng 和 Indjejikian，2009；权小锋等，2010）。不过，管理层权力和高管薪酬水平的正向关系可能因为产权性质不同或高管来源不同而发生改变（傅颀等，2014）。赵青华和黄登仕（2013）发现管理层权力越大的公司越有可能推出股票期权激励方案。管理层权力能够对股权激励方案的设计产生影响，这体现在：管理层权力越大，股权激励强度越高（孙健和卢闯，2012；吴作凤，2014），设定的行权价格越低（王烨等，2012），期权重新定价的概率越大（Pollock 等，2002），设定较长行权期的概率越低（吴作凤，2014）。Steer 和 Ungson（1987）认为管理层权力和薪酬业绩敏感度负相关。而 Cheng（2005）、卢锐（2008）对此提出了不同看法，他们认为薪酬业绩敏感度存在非对称性特征，即在管理层权力大的企业中，薪酬与盈利业绩的敏感度更高，而与亏损业绩的敏感度更低。此外，管理层权力越大，高管奢靡在职消费的现象越严重（陈冬华等，2005；Bolton 等，2006；Rajan 等，2006；卢锐，2008；陈信元等，2009；Oler 等，2010；张铁铸和沙曼，2014；赵刚等，2017），发生概率越高（陈信元等，2009）。进一步地，徐细雄和刘星（2013）研究发现政府薪酬管制加剧了权力致奢。

（2）管理层权力和公司治理效率。基于董事会效率、内部控制有效性、财务报告质量的视角，学者们研究了管理层权力对公司治理效率的影响。

管理层权力和董事会效率方面。强权 CEO 可能会威胁到董事会的独立判断，影响董事会的决策，进而发动大规模并购活动以获取高额报酬（Grinstein 和 Hribar，2004）。方军雄（2011）以我国国有控股公司为研究对象，研究发现董事长与总经理两职合一使得管理层权力高度膨胀，严重削弱了董事会的监督效力。与上述研究不同，谢盛纹等（2015）在对外部审计师动态选择的研究中，发现当管理层权力逐渐增大时，为了抑制管理层权力膨胀或权力寻租行为，以股东大会及董事会为代表的公司治理层越有可能改聘高质量的外部审计师。

管理层权力和内部控制有效性方面。赵息和许宁宁（2013）认为，管理层权力越大，管理层隐瞒内部控制缺陷的动机越强，此现象在国有控股公司更为显著。干胜道和胡明霞（2014）研究发现，管理层权力膨胀导致内部控制有效性降低，减弱了内部控制对过度投资的抑制作用。

管理层权力和财务报告质量方面。管理层持股大于某一限度时便倾向于通过权力控制信息披露来实现寻租目的（Beasley，1996）。随着权力的膨胀，CEO 更容易和大股东、会计师事务所合谋，出具虚假财务报表和编造虚假利润。管理层权力增强会导致信息披露质量下降。强权高管所任职企业的盈余管理程度更高（周冬华，2014），盈余价值相关性更弱（顾署生和刘杨晖，2014）。黎文靖和卢锐（2007）研究表明，管理层权力对会计稳健性有显著的负向影响，股权越分散，此负向影响越明显。

（3）管理层权力和公司财务行为。管理层权力和公司财务行为相关性的研究主要涉及投资决策和效率、公司并购方面。从投资决策来看，卢馨等（2014）研究发现，权力越大，高管越倾向于加大资本支出。王海明和曾德明（2012）研究表明权力强化了CEO过度自信对企业投资行为的促进作用。从投资效率来看，管理层权力与企业投资效率呈负相关。管理层权力会恶化高额现金持有对过度投资的负面效应，削弱内部控制对过度投资的抑制作用（干胜道和胡明霞，2014），弱化薪酬激励对过度投资的抑制作用（张丽平和杨兴全，2012）。管理层权力和公司并购方面的研究表明，管理层权力越大，高管通过企业并购这种自由裁量性投资来增加私人收益的意愿更强烈（Jensen 和 Meckling，1976；Grinstein 和 Hribar，2004），此动机在高管临近退休时更明显（张鸣和郭思永，2007），通过并购获取的私有收益越高（Grinstein 和 Hribar，2004；Hartzel 和 Ofek，2004；赵息和张西栓，2013；陈震和汪静，2014）。Grinstein 和 Hribar（2004）发现基于管理层权力的并购可以给管理层带来更多与企业并购绩效不相关的奖金。Harford 和 Li（2007）对比企业并购发生前后的高管薪酬业绩敏感度之后发现，高管薪酬与负的股票收益敏感性的相关性变弱，而与正的股票收益敏感性的相关性变强。赵息和张西栓（2013）认为，当高管权力缺乏制约时，并购成为高管实现个人收益的手段，而企业本身并不能实现预期的并购价值。

2.2.2　管理层权力的衡量

管理层权力的衡量指标众多且并未统一，总体而言可以分为两大类：权力基础（来源）指标和权力表现（结果）指标。

（1）权力基础（来源）指标。权力基础是指管理层权力的来源。管理层具备某些特性，这些特性使管理层拥有应对内部和外部不确定性的能力，进而获得企业的决策权和控制权。Finkelstein（1992）采用利益相关者的方法对不确定性的主要来源进行识别，研究发现内部不确定性主要源于其他高级管理人员和董事会，外部不确定性主要源于企业任务和制度环境。因此，Finkelstein（1992）提出对于管理层权力的衡量有四个维度，分别是结构权力、所有权权力、专家权力和声望权力。结构权力来自管理者在组织结构中的位置。所有权权力指管理层通过持有企业股权而获得的权力。专家权力源于管理者拥有相关行业或领域的知识和技能。声望权力主要与高管的个人威望和名声相联系。

基于 Finkelstein（1992）的研究，国内外学者从权力基础的视角不断发展和提升管理层权力的衡量指标。经过梳理，以权力基础测量管理层权力的指标主要包括：两职兼任、CEO 是否提名委员会成员、CEO 是否公司创始人、CEO 是否控股股东委派、CEO 是否内部晋升、CEO 是否在其他企业兼职、董事会成员结构、董事会规模、独立董事与上市公司工作地点一致性、独立董事是否同时服务于两家以上的公司、股权制衡度、机构投资者持股比例、金字塔控制链条长度、高管持股比例、高管是否内部董事、高管任职时间、高管政治联系、高管是否具有高学历和高职称。

（2）权力表现（结果）指标。李胜楠和牛建波（2014）认为，管理层的权力基础只能说明高管权力大小的可能性，并非高管真正拥有的实际权力，相同的权力基础在不同的内外部情境下，高管所真正拥有的权力大小是不一样的。Cheng S.（2005）认为，CEO权力的增强会降低其因业绩低劣而被强制性更换的可能性，CEO权力在高管变更决策中发挥了显著的壕沟防御效应。Bebchuk等（2007）认为CEO能够利用权力影响自身薪酬。根据上述论断，学者们设计出以下权力表现指标：连续五年业绩位于同行业后1/4区间但第六年CEO仍在位、CEO向心性、薪酬最高的前三位高管的薪酬均值。

管理层权力衡量指标的文献分布如表2－1所示①。从是否单一指标来看，除Cheng S.(2005）之外，其他学者均使用多指标综合衡量管理层权力。从指标展现的文献分布频数来看，权力基础指标比权力表现指标运用更加广泛，而权力基础指标中的两职兼任(67.2%)、高管任职时间（37.9%)、董事会成员结构（29.3%)、股权制衡度（27.6%)、董事会规模（25.9%)、高管持股比例(24.1%）与高管是否具有高学历和高职称（12.1%）最为常见。

表2－1　　管理层权力衡量指标的文献分布

指标名称	指标说明	指标展现的文献
两职兼任	兼任董事长的CEO拥有凌驾于董事会的契约拟定权与影响董事会议程、选择提交董事会的信息和决定董事会讨论议题的能力，且削弱了董事会的监督作用。因此，两职合一时管理层权力更大	Cheng S.，2008；Dehaene，2001；Donaldson和Davis，1991；Fahlenbrach，2009；Hu和Kumr，2004；Ibrahim，2008；Otten等，2008；Pathan，2009；Rechner和Dalton，1991；Westphal和Zajac，1994；白重恩，2005；陈震和汪静，2014；崔胜凯等，2014；傅欣，2014；干胜道和胡明霞，2014；郭红彩，2013；胡明霞和干胜道，2015；黄辉等，2013；刘星等，2012；卢锐等，2008；卢馨等，2014；吕长江和赵宇恒，2008；权小锋等，2010；宋增基和

① 笔者搜集和整理了与管理层权力衡量指标有关的引用率较高的58篇文献，归纳总结得出表2－1。

续表

指标名称	指标说明	指标展现的文献
两职兼任	兼任董事长的CEO拥有凌驾于董事会的契约拟定权与影响董事会议程、选择提交董事会的信息和决定董事会讨论议题的能力，且削弱了董事会的监督作用。因此，两职合一时管理层权力更大	张宗益，2003；谭庆美和景孟颖，2013；王茂林，2014；王清刚和胡亚君，2011；王清刚和王婧雅，2012；王烨等，2012；魏志华，2017；吴作凤，2014；易林，2013；张丽平和杨兴全，2012；张洽和袁天荣，2013；张铁铸和沙曼，2014；赵璨等，2013；赵刚等，2017；赵息和许宁宁，2013；周美华等，2016
CEO是否提名委员会成员	兼任提名委员会委员的CEO拥有控制董事、高管任免的能力。因此，当CEO是提名委员会成员时，管理层权力更大	Wade等，1990；张洽和袁天荣，2013
CEO是否公司创始人	公司创始人在企业拥有重要的所有权地位和影响力。因此，当CEO是公司创始人时，管理层权力增强	Cheng S.，2008；韩立岩和李慧，2009
CEO是否控股股东委派	控股股东委派的CEO拥有更多的话语权，对董事会的影响力更大。因此，当CEO是控股股东委派时，管理层权力更大	胡明霞和干胜道，2015
CEO是否内部晋升	相对于“空降兵”而言，内部晋升的CEO更加熟悉企业的经营运作等情况，更容易形成领导权威，在企业内部积累的权力网络关系有利于其行使权力。因此，当CEO内部晋升时，管理层权力增强	胡明霞和干胜道，2015；Pathan，2009
CEO是否在其他企业兼职	在其他非股权关联企业兼职的总经理拥有的社会资本更多，声望更高。因此，当CEO在其他企业兼职时，管理层权力更大	胡明霞和干胜道，2015；卢馨等，2014；赵璨等，2015；赵息和许宁宁，2013

续表

指标名称	指标说明	指标展现的文献
董事会成员结构	董事会成员中内部董事比例（或外部董事比例）、职工代表的人数、独立董事的人数会对管理层权力产生影响。以内部董事比例为例，内部董事一般是公司或公司子公司以及关联公司的高级管理人员，当内部董事占比越大时，董事会在与管理层的博弈中处于劣势，管理层可以超过权限范围影响公司决策。因此，内部董事比例越大，管理层权力越大	Fahlenbrach，2009；Main 等，2008；Morse 等，2011；Otten 等，2008；崔胜凯等，2014；郭红彩，2013；黄辉等，2013；吕长江和赵宇恒，2008；权小锋等，2010；王烨等，2012；魏志华，2017；吴作凤，2014；易林，2013；张丽平和杨兴全，2012；张洽和袁天荣，2013；张铁铸和沙曼，2014；周美华等，2016
董事会规模	规模大的董事会通常缺乏凝聚力，更容易被高管影响和操纵，难以形成一致意见去牵制管理层。因此，董事会规模越大，管理层权力越大	Fahlenbrach，2009；Morse 等，2011；崔胜凯等，2014；郭红彩，2013；刘星等，2012；权小锋等，2010；王清刚和王婧雅，2012；魏志华，2017；吴作凤，2014；易林，2013；张丽平和杨兴全，2012；张铁铸和沙曼，2014；赵璨等，2013；赵息和许宁宁，2013；周美华等，2016
独立董事与上市公司工作地点一致性	独立董事日常工作所在地距离上市公司所在地越近，独董更容易及时、准确地获取关于公司运营和管理方面的具体信息，更加有利于独董发挥监督作用。因此，当独立董事与上市公司的工作地点一致时，管理层权力更小	刘星等，2012；易林，2013
独立董事是否同时服务于两家以上的公司	独立董事服务的公司越多，分配在每家公司的时间和精力就越少，不利于独董对管理层发挥监督职责。因此，当独立董事同时服务于两家以上的公司时，管理层权力更大	Morse 等，2011

续表

指标名称	指标说明	指标展现的文献
股权制衡度	管理层受到外部监督的力量越强，在经营决策中的自由度越低，管理层权力越小	Hu 和 Kumr，2004；卢锐等，2008；易林，2013；吴作凤，2014；傅欣，2014；Otten 等，2008；王清刚和王婧雅，2012；胡明霞和干胜道，2015；崔胜凯等，2014；王茂林，2014；卢馨等，2014；郭红彩，2013；王清刚和胡亚君，2011；赵璨等，2013；赵刚等，2017；张洽和袁天荣，2013
机构投资者持股比例	机构投资者的持股比例越高，对管理层的监督约束力量越强，管理层权力越小	Fahlenbrach，2009；赵息和许宁宁，2013
金字塔控制链条长度	国企金字塔结构是政府放权让利改革的产物，企业控制权由金字塔塔尖向下转移至管理层。控制权越往下转移，管理层决策的自由度越高，管理层权力越大	干胜道和胡明霞，2014；权小锋等，2010；王茂林，2014
高管持股比例	CEO/高管团队拥有的股权越多，双重身份特征下的 CEO 话语权更多，对董事会的影响力更大。因此，高管持股比例越高，管理层权力越大	Griffith，1999；Jesen 和 Meckling，1976；Kim 和 Lu，2011；Lambert 等，1993；Tan 等，2001；崔胜凯等，2014；干胜道和胡明霞，2014；卢馨等，2014；宋增基等，2002；谭庆美和景孟颖，2013；王烨等，2012；吴作凤，2014；张铁铸和沙曼，2014；赵息和许宁宁，2013
高管是否内部董事	高管是董事会成员时，被监督的可能性降低，高管对董事会的影响力更大，管理层权力更大	Cheng S.，2008；韩立岩和李慧，2009；胡明霞和干胜道，2015；周美华等，2016
高管任职时间	高管任职时间越长，越能形成某一领域的专业才能，并且拥有更多的资源、人脉和信息网络，积累的威信越高，地位越巩固。因此，任期越长，管理层权力越大	Fahlenbrach，2009；Hambrick 和 Fukutomi，1991；Hu 和 Kumr，2004；傅欣，2014；干胜道和胡明霞，2014；胡明霞和干胜道，2015；李龙会和刘行，2011；刘星等，2012；卢锐等，2008；吕长江和赵宇恒，2008；权小锋等，2010；谭庆美和景孟颖，2013；王烨等，2012；魏志华，2017；吴作凤，2014；张丽平和杨兴全，2012；张洽和袁天荣，2013；张铁铸和沙曼，2014；赵璨等，2013；赵刚等，2017；赵息和许宁宁，2013；周美华等，2016

续表

指标名称	指标说明	指标展现的文献
高管政治联系	曾任或现任人大代表或政协委员的高管更容易与政府官员建立政治和经济上的各种利益纽带，政府在对这类高管作出更换决策时面临的阻力更大。因此，管理层具有政治联系时，管理层权力更大	刘星等，2012；卢馨等，2014
高管是否具有高学历和高职称	教育背景和职称级别代表了经理人的学习能力和专业技术水平。学习能力越强，技术水平越高，CEO/高管团队在企业内部更容易形成领导权威和强化对企业的控制力。因此，当CEO/高管团队具有高学历、高职称时，管理层权力更大	Bhagat等，2010；Tihanj，2000；胡明霞和干胜道，2015；林勇和周妍巧，2011；刘星等，2012；谭庆美和景孟颖，2013；易林，2013
连续五年业绩位于同行业后1/4区间但第六年CEO仍在位	CEO权力的增强会降低其因业绩低劣而被强制性更换的可能性。因此，连续五年业绩位于同行业后1/4区间但第六年CEO仍在位代表强大的管理层权力	Cheng S.，2005
CEO向心性	CEO向心性，即CEO薪酬占高管团队薪酬的比例，代表CEO在高管团队中的能力、贡献和权力的相对重要性。因此，CEO向心性越大意味着管理层权力越大	Bebchuk等，2007；卢锐等，2007；谭庆美和景孟颖，2013
薪酬最高的前三位高管的薪酬均值	高管能够利用权力影响自身薪酬。因此，高管薪酬越高，管理层权力越大	方军雄，2011

2.3 政府审计的相关研究

2.3.1 政府审计的经济后果

考虑到政府审计经济后果的文献数量较多，在此本书选择与研究主题直接相关的文献进行简要综述，包括政府审计与权力制约、政府审计与国企治理。

（1）政府审计与权力制约。孟德斯鸠（1961）认为，要防止权力滥用，就必须以权力约束权力。而政府审计作为国家政治制度的组成部分，是依法利用权力制约权力的重要制度安排（刘家义，2011；戚振东等，2015）。围绕政府审计和制约权力的关系，现有文献从政府审计的动因、本质、路径、作用、与其他监督形式的区别等方面展开了理论分析。

董延安（2007）提出政府审计制衡权力的根本原因和内在需求是受托经济责任，而其外在原因是社会公众希望规范公共权力运行的诉求。

政府审计在本质上是一种特殊的经济控制，目的是保证和促进受托经济责任得到全面有效的履行（蔡春和李江涛，2009；戚振东和尹平，2013）和对权力的监督和制约（桂建平，2004）。

关于路径方面，李笑雪（2016）提出通过由“事”到“人”、由“物”到“人”、由“人”到“事”的途径对党政领导干部进行在任、离任、任后经济责任审计，并及时公告审计结果，以减少权力远期兑现的权钱交易机会，使领导干部没有意愿、没有胆量和没有机会将权力期权化。刘力云（2013）建议审计机关对存在滥用职权和腐败的范围和环节进行有针对性的审计，包括以经济责任审计为重点，对“一把手”权力进行制约和监督，加强财政资金审查，限制和监督财政资金的配置、管理和使用，监督重大公共工程和民生项目实施过程中的公共权力运行。彭韶兵和周兵（2009）认为，若要防止公共权力异化，在政府行政机关强势而社会公众弱势的形势下，必须通过相对独立的经济责任审计确定经济责任受托目标，并根据目标的完成情况进行奖罚，强化对公共权力配置和使用的制衡。郑石桥（2014）认为事前审计、跟踪审计和事后审计是对公共权力机会主义的治理方式。

关于作用方面，学者们普遍认为政府审计能够达成对权力运行异化的修正和抑制。戚振东等（2015）研究认为，经济责任审计是约束利己行为的制度安排，推动责任人对利己行为进行成本与收益的计算和比较，加大责任人道德风险，弱化权力异化动机，在权力滥用处于萌芽状态时就对其进行遏制。桂建平（2004）认为，加强审计对权力的监管，不但可以减少政府及有关部门错误或延迟履行法定职责的行为，增强其行使行政职权的效率和效果，切实办到以人民为本，而且可以推动法律法规的执行，保持法律的严肃性和权威性，完善社会主义法律体系的建设，达成维护国家经济稳定运行和提升政府效率的审计目标。由于监督具有特殊性，政府审计监督在查办经济案件的过程中发挥了举足轻重的影响，存在预防和整治职权滥用的现实功效。

关于政府审计与其他监督方式的区别，审计署科研所课题组（2003）认为，审计监督与其他权力监督方式相比，具有监督面广、层次高、独立性强和权威性大的特点，所以是长期监督权力运行的有效方式。梁芬莲和方进喜（2005）持类似观点。

（2）政府审计与国企治理。政府审计与国企治理的相关研究主要集中在政府审计与国企审计监督责任、政府审计与国企盈余管理、政府审计与国企投资效率、政府审计与国企经营业绩这四个方面。

关于政府审计与国企审计监督责任方面，刘力云（2005）研究发现，政府审计机关对国企履行审计职责弱化主要源于“国企的经营和管理属于完全的市场行为而不属于政府职能和行政干预的领域”以及“对国企进行社会审计的同时无须进行政府审计这种重复监督行为”的认识误区。杨茁（2007）进一步指出，由于政府审计在国企改革中职能弱化，该监督制约机制并未有效运行，造成国有资产流失严重。伍利娜（2008）与上述观点不一致，认为政府审计相比其他监督方式更能有效地监督国企。

关于政府审计与国企盈余管理方面，陈宋生等（2013）以2010 年被审计署审计的央企为样本，研究了政府审计与盈余管理之间的关系，发现政府审计能有效抑制企业的盈余管理行为。陈筱玥（2014）的研究结论与之相似，认为政府审计能对国企可操纵应计利润产生短期约束作用。

关于政府审计与国企投资效率方面，陈海红等（2014）以接受审计署审计的央企控股上市公司为样本，研究发现政府审计能减少过度投资，增加企业投资效率，减少国企高管人员的恣意决策。王兵等（2017）有相同发现，并进一步指出政府审计对过度投资的抑制作用仅限于第一次审计或非“十大”会计事务所审计的国企。

关于政府审计与国企经营业绩方面，蔡利和马可哪呐（2011）研究发现，政府审计能在审计结果公告后的两个年度内提升央企经营业绩，同时指出现阶段政府审计不过是推动央企较好地达到经营业绩考核目标，并没有本质上改善经营效率。李江涛等（2015）研究表明，政府审计通过打击贪污腐败能够持续提升国企绩效。孙琳（2013）选用了 2010—2012 年接受政府审计并被披露公告的央企为样本，研究得出政府审计机关倾向于选择经营业绩表现差的企业为审计对象，经审计后企业经营绩效有所优化。

2.3.2　政府审计的衡量

除借鉴政治学、法学、经济学、社会学等理论对政府审计进行规范分析外，近年来，学者们开始利用审计年鉴、审计结果公告等档案数据对政府审计进行实证考察。现有研究中，政府审计的衡量指标主要有以下两种：审计投入，具体包括审计人员数量、审计业务量、是否接受政府审计等；审计问责，包括查出问题金额数、问题金额比例、问题案件数、受处罚人数、案件处理率、审计报告批示采用率等。

（1）审计投入。李江涛等（2011）以审计人员数量表示经济责任审计力量，以被审计的领导干部人数表示经济责任审计业务量。陈宋生等（2013）采用央企控股上市公司是否受到政府审计衡量审计监管的效果。蔡利和马可哪呐（2014）通过对政府审计介入程度的衡量（审计介入年度及以后年度赋值为1，未审的赋值为0，将样本公司各年度的赋值加总求和）来刻画政府审计功能的发挥。谢柳芳和韩梅芳（2016）以被审计单位数的自然对数衡量国家审计投入力度。陈丽红等（2016）以地方政府审计人员在编数量和被审计单位数衡量政府审计的质量。

（2）审计问责。刘雷等（2014）分别以总额方式和比率方式采用审计问责结果度量政府审计的功能。其中总额方式的衡量指标包括：政府审计（调查）查出的主要问题金额的自然对数、审计（调查）处理结果落实金额的自然对数、被采纳的审计建议（报告）数量的自然对数、移送司法机关等有关部门的涉案金额的自然对数。比率方式的衡量指标包括：平均每个被审计单位查出的问题金额的自然对数、审计（调查）处理结果落实金额比例、审计建议报告被采纳的比例、司法机关等有关部门处理的人员比例。李明和聂召（2014）选择审计查处问题资金作为衡量政府审计所发挥作用的核心指标。韦德洪等（2010）采用问题金额处理率、审计案件处理率、审计工作报告信息被批示采用率这三个指标来评价政府审计的质量。朱荣（2014）采用审计机关披露的违规金额数量作为审计执行力度的替代指标，以审计机关作出的审计处理处罚金额（应上缴财政金额、应减少财政拨款或补贴的金额、应归还原渠道资金以及应调账处理金额）占违规金额的比率来表示审计处罚力度，以实际纠正的金额占审计机关作出的审计处理处罚金额的比率来衡量审计纠正力度，以审计机关提交的审计报告和信息被采纳的比率来衡量相关部门的协作与配合力度，使用审计处罚力度乘以被审计单位的纠正力度作为衡量政府审计的综合指标。李江涛等（2011）以违规金额、管理不规范金额和损失浪费金额表示经济责任执行力度。唐雪松等（2012）采用审计工作报告信息被批示采用率和问题金额处理率作为政府审计作用发挥程度的代理变量。宋达和郑石桥（2014）以预算违规的审计发现率、审计处理率和审计处罚率衡量政府审计对于公共部门预算违规的作用。蒲丹琳和王善平（2014）以地方审计机关移交纪检、监察机关和司法机关处理的违法违纪领导人员数量作为经济责任审计处罚力度。谢柳芳和韩梅芳（2016）选取审计移送案件与审计移送涉案金额的自然对数衡量政府审计执行力度，选取审计提交报告数与审计提出建议数的自然对数衡量政府审计报告力度。陈丽红等（2016）以违规金额纠正率、审计报告信息被批示采用率和相关案件处理率衡量政府审计的质量。李江涛等（2015）选取审计查处的问题资金金额、违规违纪金额处理率、移送司法案件数和审计结果利用率度量政府审计的治理功能。池国华等（2018）使用的衡量指标包括违规金额与地区 GDP 之比、被采纳的审计建议（报告）数量的自然对数、审计处理结果落实金额的自然对数、移送司法纪检监察机关和有关部门的涉案人数的自然对数、移送司法纪检监察机关和有关部门的处理案件数的自然对数、移送司法纪检监察机关和有关部门的涉案金额的自然对数。

2.4　文献述评

通过对以上国内外文献的回顾和梳理，本书发现高管职务犯罪、管理层权力和政府审计各领域的研究内容丰富、视角广泛，但是仍然存在一些尚未解决的问题，有待后续进一步的研究。

第一，现有文献缺乏对高管侵占型职务犯罪这一犯罪类型的关注。侵占型职务犯罪是高管意图牟求个人利益而故意实施的职务犯罪行为，是一种典型的“寻租型”犯罪活动，而滥用型职务犯罪和失职型职务犯罪更多情况下是高管的一种非自利或者非故意的犯罪活动。职务犯罪的性质不同，那么关于职务犯罪的产生原因和治理对策理应有所区别，不过高管职务犯罪领域的文献多数并未进行分类研究。

第二，缺乏直接探讨管理层权力与高管侵占型职务犯罪之间关系的文献。以张蕊教授为代表，部分学者对高管侵占型职务犯罪展开了深入研究和探讨，从经营者财产经营责任约束弱化、契约的不完备性、经理人市场机制的缺陷的角度分析了企业高管侵占型职务犯罪的机理（张蕊，2011），根据欺诈“三角理论”从压力、机会和借口三个方面进一步归纳总结了高管侵占型职务犯罪的产生原因（张蕊，2012），基于会计视角研究了国企高管侵占型职务犯罪的特征、会计调查和防范（张蕊，2011；张蕊和陈剑洪，2013），从企业高管薪酬差距的视角实证检验了高管薪酬差距对侵占型职务犯罪的影响（张蕊和管考磊，2016）。上述研究视角广泛，不过尚未充分考虑国企放权改革背景下企业管理层权力膨胀这一因素对侵占型职务犯罪的影响。此外，管理层权力经济后果的文献中虽然涉及高管利用职权影响薪酬契约和采取奢靡在职消费等方式谋取私利的行为，但是鲜有将管理层权力寻租延伸至高管侵占型职务犯罪的研究领域，缺乏相关的机理分析和实证检验。

第三，现有文献缺乏政府审计治理国企高管侵占型职务犯罪的研究。众多学者将研究聚焦在政府审计制约政府部门和官员的公共权力领域，从政府审计的动因、本质、路径、作用、与其他监督形式的区别等方面围绕政府审计和权力制约的关系展开讨论，而将政府审计与微观企业相联系的研究内容仅涉及政府审计的国企监督责任以及政府审计对盈余管理、投资效率、经营业绩的治理作用等方面，且考察对象基本限定于中央控股企业。政府审计是否会对微观企业（特别是地方国企）严重的权力异化产生抑制作用，从而有效治理高管侵占型职务犯罪行为？若是，作用机理是什么？这些是值得深入探究的问题。

第四，管理层权力和政府审计的衡量指标有待改进。关于管理层权力的衡量，一方面，不同的文献有不同的衡量指标，甚至同一位学者在不同的文献中所使用的指标也有区别，这说明管理层权力的衡量仍是一个存在争议的问题。另一方面，在以我国国有上市公司为考察对象的研究中，较少学者考虑了金字塔控制链条长度这一“中国特色”的管理层权力衡量指标（干胜道和胡明霞，2014；权小锋等，2010；王茂林，2014）。而在政府审计的度量上，多数文献考虑单一，并未综合考虑审计投入力度和审计问责力度对政府审计治理功效的影响。

正所谓问题越辩方能越明，以上问题的梳理为本书在现有研究基础上作出进一步探讨指引了方向和启发了思路。本书以我国地方国有上市公司为研究对象，讨论管理层权力、政府审计与高管侵占型职务犯罪之间的关系，并运用资本市场的经验数据加以实证检验，从而丰富相关研究，以期深化认识管理层权力，提升政府审计在微观企业层面的治理作用，推动高管侵占型职务犯罪的治理实践工作。

第3章　管理层权力、政府审计与高管侵占型职务犯罪的理论概述

本章对管理层权力、高管侵占型职务犯罪和政府审计进行界定，对国企放权改革和政府审计监督制度进行制度背景介绍，最后对上述三者之间关系所涉及的理论解释依据依次展开阐述。

3.1　基本概念的界定

3.1.1　管理层权力的界定

（1）管理层权力的概念。管理层在《现代汉语新词语词典》里被定义为公司、企业或组织机构内部处于管理地位、负有管理责任的团体或人员。在经济学、管理学的研究文献中，管理层亦称为经理层、高级管理人员、高管和高管团队。关于管理层外延的界定，国内外学者并未形成统一认识。国外的研究认为管理层（management layer）是履行企业经营管理责任的人员，区别于对其受托经营责任负有监督职责的治理层（those charged with governance），遂将管理层界定为（执行）副总裁及以上级别的领导人，包括内部执行董事和执行高管（Bergh，2001），或者将其限定为内部执行董事（Norburn，1989；Haleblian 和 Finkelstein，1993；

Hambrick 等，2015），但不包括非执行董事。而国内文献对管理层的界定更加复杂，存在以下四种界定方法：一是按照 2005 年《公司法》第 216 条第（一）项的规定，将管理层界定为公司的总经理、副总经理、财务负责人、上市公司董事会秘书和公司章程规定的其他人员（吕长江和赵宇恒，2008；王克敏和王志超，2007；辛清泉，2007；杨林，2014）；二是将管理层的研究对象限定为董事长和总经理（李增泉，2000；刘斌等，2003；赵震宇等，2007）；三是基于 2006 年《上市公司股权激励管理办法》将管理层界定为董事、监事和其他高级管理人员（姜付秀，2009；李维安和张国萍，2005；罗富碧等，2008）；四是基于管理层权力理论将公司年报披露的薪酬最高的前三位高管作为研究对象（方军雄，2011；刘凤委等，2007）。国内学者关于管理层外延存在分歧，可能是由于各自研究目的存在差异以及相关法律对管理层一词界定模糊。鉴于本书研究内容是管理层权力诱发的高管侵占型职务犯罪以及独立董事和监事是公司对经理层进行权力制约和监督的制度性安排，我们将管理层界定为总经理、总会计师、财务总监、主管各项事务的副总经理以及执行董事，不包括独立董事和监事。

权力（power）在《朗文当代英文词典》里被描述为“控制人或事的能力”。它是一种“权势或威力”，可理解为人际关系中对他人产生的感召力或震慑力（张维迎，1999），操纵或指派他人的力量（Emerson，1962；Pfeffer，1981），是有异议之时依旧可以贯彻自身意志的力量。权力可让个体在社会关系中有强烈的自我存在感，是感知到自身有能力影响他人的一种心理状态（Galinsky 等，2003）。

在企业内部，权力掌握在可以支配核心资源并且能够规避不确定性的人手中。管理层作为所有权与经营权相分离的产物，接受所有者的委托去经营管理企业和各项资产，是企业的实质性决策群体，因此有关权力的组织学、管理学研究大多选取管理层权力的视角。Rabe（1962）认为，管理层权力是一种意志和能力，表现在管理层拥有对薪酬、工作环境、重大决策等方面的话语权。Finkelstein（1992）和权小锋等（2010）将管理层权力定义为高管执行自身意愿的能力。March（1966）从管理者与其"反对者"之间的博弈关系来解释管理层权力，认为管理层权力是抑制反对意见的能力。卢锐等（2008）将管理层权力刻画成在公司外部监管疲软和内部治理不健全时管理层可以对公司施加的作用力。

综上所述，管理层权力是管理层规避不确定性、抑制反对意见、执行自身意愿的能力，是导致、控制或转变企业组织内部其他成员行为的感召力和说服力。

（2）管理层权力的维度。辨认权力来源是区分权力多维度特征的前提条件，李胜楠和牛建波（2014）认为管理层权力的来源涉及的范围大、方面广，包括职权、技能与职能的专业化与稀缺性、对知识的垄断、商业环境的不确定性等。Finkelstein（1992）首次根据组织内外部环境中受组织决策和行动影响的相关者识别企业组织内部的权力源泉，研究认为管理层权力的本质是应付内部和外部各种不确定性的力量，内部的不确定性关键来自企业其他高管和董事会，而外部的不确定性关键来自企业任务的多样化和制度的改变。

总体而言，Finkelstein（1992）将管理层权力划分为结构权力（structural power）、所有权权力（ownership power）、声望权力（prestige power）和专家权力（expert power）四个维度。结构权力来自高管在企业组织结构中的职位。高管处于企业的顶端，由于在正式层级中获得一个或多个高级职位而拥有正式的法定职权，以其法定权来指引组织发展方向或影响他人的行为。高管在其任职企业拥有的头衔越多，拥有的结构权力就越大，尤其是当总经理兼任董事长时，其结构权力会非常大，此时总经理可以决定董事会会议讨论议题，影响董事会的议程和重要决策（Hayward 和 Hambrick，1997）。此外，高管的结构权力还表现在他与董事的关系上。例如，总经理可能利用董事会主席的身份对提名委员会施加影响，安排不会挑战总经理权威的人进入董事会，增强管理层对董事会的掌控（Ocasio，1994；Westphal 和 Zajac，1995）。但是，随着董事会中独立董事人数的增加，董事会对管理层的监督力度加大，管理层权力会被削弱（Beatty 和 Zajac，1994；Fredrickson 等，1988；Westphal 和 Zajac，1995）。所有权权力来自高管持有的企业股权，高管既是企业的受托人又是股东，这将导致高管拥有较大的所有权权力。当持股份额超过一定比例，例如 5% 时，高管防御动机明显，能够通过对董事的选举和任命施加强大的影响（Hermalin 和 Weisbach，1988），从而降低其被董事会解任的可能性。当高管持有的企业股权越多，权力就越大，高管就越有能力控制董事会的决策，冲破内部监督机制的束缚和障碍（Denis 和 Sarin，1997）。声望权力主要与高管的个人威信和名气有所关联。声望是指一种感染力和令大家佩服尊重的名声。在企业里，上至董事会下至普通员工，大家会对声望高的高管所表达的观点和建议更加关注和在意，这并不是因为从属意识在发挥作用，而是由于在大多数人看来此人享有信用、身份尊贵和受人爱戴（Henrich 和 Gil-White，2001）。此外，非执行董事们会将高管强大的威信和名气等价于非同一般的从事领导活动的能力以及对卓越业绩的保障，并不会专门投入时间和精力去监督那些声望高而引人注目的高管（Hengartner，2006）。因此，声望高的高管面临较少的束缚，拥有较大的声望权力。专家权力源于高管拥有的与其所在行业或领域有关的本领、才华或某种专门而系统的知识。当高管拥有与公司经营发展有关的知识和本领时，董事会成员会依赖高管去获取和分析相关信息，信任高管具有应对不确定性的本事，并且推崇高管的决定，高管因此能够在董事会重大议题讨论会上统领局面，令董事会听命于他的决策（Firstenberg 和 Malkiel，1994）。高管的专业技能越强，董事会成员就更加依靠和仰赖高管，从而高管拥有的专家权力越大。

在 Finkelstein（1992）之后，一些学者也对管理层权力进行了区分类别的探讨。Kim 和 Lu（2011）将管理层权力划分为组织权力、所有权权力和个人能力权力三个维度。Adams（2005）将权力区分为正式和非正式两种，正式权力依附归属于企业内纵向的上下级控制与被控制的关系，与高管在企业中的职位有关，例如，CEO 是否兼任董事长，而非正式权力并未受到高管在企业中职位的影响，仅与名望、人际关系、信息优势等个人特征存在关联，例如，CEO 任期、所获学历。Lambert 等（1993）认为管理层权力表现在组织地位、对董事会的任命、信息控制和个人财富四个方面。Kim 和 Lu（2011）以及 Adams（2005）的研究都没有脱离 Finkelstein（1992）的权力模型框架。Lambert 等（1993）从权力的经济后果视角细分管理层权力，是对权力维度的发展和创新，不过并未将企业绩效、公司治理效率、公司财务行为等方面纳入维度范畴。

上述学者对管理层权力进行的分类研究都没有 Finkelstein（1992）系统和运用广泛，故本书采用 Finkelstein（1992）的方法将管理层权力划分为结构权力、所有权权力、声望权力和专家权力。其中，所有权权力的含义因结合中国地方国企的具体情境而有所变化。一方面，由于我国开始推行股权激励的时间较晚，这种为激励和留住核心人才而实行的长期激励机制并不成熟，国企高管的持股份额总体而言较少，因而所有权权力可能并不直接体现在持股份额上，而是通过高管所代理的股东关系来评价（徐细雄和刘星，2013）。另一方面，由于我国国企产权关系不清晰和代理链条多层级，国有股权主体在企业虚置缺位，国企的控制权本质上掌握在高管手中。因此，本书涉及的所有权权力主要是指所有权主体虚置情况下高管实际获得的控制权。

3.1.2 高管侵占型职务犯罪的界定

（1）高管侵占型职务犯罪的概念。对高管侵占型职务犯罪的概念进行解析，首先需要明确高管职务犯罪的含义。高管职务犯罪是指高管没有遵循《中华人民共和国公司法》（以下简称《公司法》）设置的相关义务，侵害企业利益，依照《中华人民共和国证券法》（以下简称《证券法》）《中华人民共和国刑法》（以下简称《刑法》）《公司登记管理条例》等法律法规的规定应承担法律责任的犯罪行为（金泽刚和于鹏，2010）。在我国，高管职务犯罪并非是一个专门的法律术语，而是对公司高管人员所实施的职务犯罪行为的统一称呼。高管职务犯罪的行为特征是犯罪行为和行为人的职务之间存在相关性（冯殿美，1999），表现为行为人利用本人职权或地位的便利条件实施犯罪，无论该犯罪行为是直接还是间接地妨害公司管理秩序或者扰乱公司股票、债券发行与交易秩序，都将造成公共财产的重大经济损失。倘若高管实施的犯罪（如杀人、纵火等）与其职务并无关联，则该罪行不构成职务犯罪，应当以其他罪论处。因此，高管职务犯罪不等同于高管犯罪。

关于高管职务犯罪的类型，张蕊教授（2011）在《我国企业高管侵占型职务犯罪的机理研究》一文中进行了详细阐述。基于性质的不同，高管职务犯罪可划分为侵占型、滥用型和疏忽型三种类型。其中，侵占型职务犯罪是指企业高管为寻求个人经济利益[①]，故意不正当地行使法定职权，通过贪污、受贿、挪用和自我交易[②]等方式侵吞公物、侵占经手的钱财、掠夺企业财产并应受刑法处罚的犯罪行为，该类犯罪常常是利用财务手段作为掩护的高智商犯罪。滥用型职务犯罪是指企业高管没有考虑法律，明目张胆、毫无顾忌地违背职责宗旨，为企业谋取不正当利益并应受到刑法处罚的犯罪行为。疏忽型职务犯罪是指企业高管不认真或不负责地对待本职工作，没有以如同管理自身财产时所具有的勤勉程度去管理公司的财产，即未尽到勤勉义务致使企业蒙受财产损失和违反刑法规定而构成犯罪的行为。

综上可知，三种类型的高管职务犯罪在性质上存在本质区别。侵占型职务犯罪的本质是高管违背忠实义务为个人牟取非法利益，滥用型职务犯罪的本质是高管无视法律为企业牟取非法利益，其中非法利益表现为获取手段的不正当性和利益违法性，而疏忽型职务犯罪的关键是因为高管没有履行应当具有的勤勉职责而使企业蒙受财产和利益的损失。

（2）高管侵占型职务犯罪的类型。综合考虑高管职务犯罪的性质和《刑法》的相关规定，高管侵占型职务犯罪包括下列罪名：贪污罪、受贿罪、挪用公款罪、内幕交易罪、巨额财产来源不明罪、私分国有资产罪。本书所讨论的高管侵占型职务犯罪的犯罪

① 个人经济利益包括配偶、父母、子女、兄弟姐妹以及配偶的父母、兄弟姐妹等直接利害关系人所获取的经济利益。

② 高管自我交易包括以下情形：公司与高管之间直接交易；公司与高管的利害关系人之间的交易；公司与其他实体（包括但不限于公司）之间的交易，而高管是该实体的控制股东（如20%以上的股份持有者）、合伙人、经理人或董事，或高管在该实体中有重大的财产利益。根据《公司法》第一百四十九条的规定，高管不得有违背忠实义务而损害公司利益的自我交易行为。

主体或罪责承担者限定为在国有企业任职的高管人员①。

贪污罪，根据《刑法》第三百八十二条的规定，是指行为人利用本人职务范围内的权力，侵吞、窃取、骗取或者以其他手段非法占有公共财物的行为②。受贿罪，根据《刑法》第三百八十五条的规定，是指行为人利用本人职务范围内的权力，索取他人财物，或者非法收受他人财物，为他人谋取利益的行为③。挪用公款罪，根据《刑法》第三百八十四条的规定，是指行为人利用本人职务范围内的权力，挪用公款为个人使用④，进行非法活动的行为；或者挪用公款数额较大，进行营利活动的行为；或者挪用数额较大，超过三个月未还的行为⑤。内幕交易罪，根据《刑法》第一百八十条的规定，是指在涉及公司经营、财务或者对公司证券的市场价格有重大影响的信息尚未公开前，知晓该内幕消息的人买入或者卖出该股票、证券，或者对外透露该内幕信息，情节严重的行为⑥。巨额财产来源不明罪，根据《刑法》第三百九十五条，是指行为人的财产或者支出明显超过合法收入，差额巨大，本人不能说明其来源是合法的行为⑦。私分国有资产罪，根据《刑法》第三百九十六条的规定，是指国有企业违反国家规定，以单

---

① 根据《刑法》的相关规定，身份不同，罪名不同，例如，贪污罪和职务侵占罪的区别在于将本单位财务占为己有的高管是否具备“国家工作人员”的身份。发生在民营企业的职务侵占罪不属于本书讨论范畴。

② 转引自 https：//baike. baidu. com/item/贪污罪。

③ 转引自 https：//baike. baidu. com/item/受贿罪。

④ 根据全国人民代表大会常务委员会《关于〈中华人民共和国刑法〉第三百八十四条第一款的解释》，有下列情形之一的，属于挪用公款“归个人使用”：（1）将公款供本人、亲友或者其他自然人使用的；（2）以个人名义将公款供其他单位使用的；（3）个人决定以单位名义将公款供其他单位使用，谋取个人利益的。

⑤ 转引自 https：//baike. baidu. com/item/挪用公款罪。

⑥ 转引自 https：//baike. baidu. com/item/内幕交易罪。

⑦ 转引自 https：//baike. baidu. com/item/巨额财产来源不明罪。

位名义将国有资产集体私分给个人，数额较大的行为[①]。集体私分公共财物在国企内部带有广泛性和不加隐蔽的特征，属于单位犯罪，不过由于国企高管是私分国有资产、公共财物这一行为的决策者和最大受益人，法律规定只处罚私分国有资产的直接责任人即国企高管人员，因此私分国有资产罪属于本书高管侵占型职务犯罪的讨论范畴。

侵占型职务犯罪在国企高管职务犯罪中的占比很高，将2009—2016年的《中国企业家犯罪报告》[②] 的相关数据整理之后，我们发现此占比高达60%以上。因此，侵占型职务犯罪是我国国企高管职务犯罪的主要类型，构成了治理国企高管职务犯罪的关键所在（张蕊，2011；张蕊和陈剑洪，2013）。

3.1.3 政府审计的界定

政府审计亦称国家审计[③]，是指国家或政府机关设立的审计机构所组织实施的监督活动。政府审计不仅对各级政府的基本财政

---

① 转引自 https：//baike. baidu. com/item/私分国有资产罪。

② 《中国企业家犯罪报告》是对中国企业家历年犯罪状况的总结和归纳。该报告的2009—2011年版本由《法人》杂志特约研究员王荣利撰写，2012年及以后年度的版本由北京师范大学法学院暨刑事法律科学研究院和《法人》杂志联合成立的中国企业家犯罪预防研究中心发布。

③ 笔者分别以“政府审计”和“国家审计”为检索词检索知网文献，发现篇名使用“政府审计”和“国家审计”的文献皆较多。这说明学术界对“政府审计”与“国家审计”的名称并未达成统一认识。名称不同可能是由于文献中对政府的界定不一。政府的概念有广义和狭义之分，广义的政府是指行使国家权力的所有机关，包括立法机关、行政机关和司法机关；狭义的政府是指国家权力的执行机关，即国家行政机关。中国采用行政型审计模式，审计机关隶属于政府行政系统，是国家行政机构的组成部分。因此，基于广义的政府内涵，“政府审计”和“国家审计”并无差别；而基于狭义的政府内涵，我国的行政型审计是“政府审计”，西方国家的立法型、司法型和独立型审计是“国家审计”。为保持表达统一和考虑到我国行政型审计模式，本书采用“政府审计”这一表达。

收支计划和筹集使用信贷资金计划的执行情况进行审计监督，对行政机关、人民团体、事业单位纳入国家预算管理的收支情况以及预算外资金的收支情况进行审计监督，对国有性质的企事业单位、基本建设单位、金融保险机构的各项经济活动中资金运动进行审计监督，还包括对中央和地方政府各部门及其他公共机构财务报告的真实性和公允性、运用公共资源的经济效益性、提供公共服务的质量进行审计监督。

具体而言，政府审计涵盖以下内容：一是政府审计的主体。根据《中华人民共和国宪法》（以下简称《宪法》）第九十一条、第一百零九条以及《中华人民共和国审计法》（以下简称《审计法》）第一章第二条的规定，国务院和县级以上地方人民政府设立的各级审计机关依照法律自主执行审计监督权。各级审计机关是拥有政府审计权力的专门机构，是政府审计监督活动的开展者，包括直属审计署管理的特派员办事处、直属地方政府管理的审计署业务司、审计署在国务院各部门和直属事业单位设立的派出审计局等审计业务机构、直属省市县等各级地方政府管理的地方审计组织。二是政府审计的客体。依据《审计法》第三章的规定，强制性接受审计的部门和单位包括：国务院各部门、地方人民政府及其各部门；国有及国有资本占控股地位或主导地位的金融机构；国有及国有资本占控股地位或主导地位的企业；国家事业组织和使用财政资金的其他事业组织；党政主要领导干部和国有企业领导人员；依法属于审计对象的其他管理使用公共资金、国有资产、国有资源的单位等①。三是政府审计的具体对象。政府审计的具体对象是上述部门和单位的财政收支、财务收支和经济责任。根据

① 转引自《审计法》第三章审计机关职责，详见网址：http：//www.audit.gov.cn/n7/n34/n58/c109695/content.html。

研究需要，本书的政府审计是地方审计机关对地方国企和国有资产占控股地位的企业以及履行受托经济责任的地方国企高管执行的财务收支审计、专项跟踪审计和经济责任审计。

3.2 制度背景

3.2.1 国企放权改革

20 世纪 80 年代以来，在中国经济改革进程中政府持续简政放权。1984 年，政府开始推行国企放权改革，试图通过市场机制配置资源和增强国企自行组织生产经营的权力。1986 年 12 月，国务院发布《关于深化企业改革增强企业活力的若干规定》，提出在全民所有制小型企业试行租赁、承包经营，在全民所有制大型企业推行经营承包责任制和股份制，并加快国企领导体制的改革，全面推行厂长负责制。1988 年 2 月，国务院颁布《全民所有制工业企业承包经营责任制暂行条例》，促进了国企全面实施经营承包责任制。1992 年 7 月，为了提升国企在产品层、制度层和核心层的市场竞争力，国务院颁布《全民所有制工业企业转换经营机制条例》，正式将生产经营决策权、产品劳务定价权、产品销售权、物资采购权、进出口权、投资决策权、留用资金支配权、资产处置权、联营及兼并权、劳动用工权、人事管理权、工资及奖金分配权、内部机构设置权、拒绝摊派权共 14 项权力[①]授予企业和企业高管。2002 年 11 月，党的十六大报告明确提出在中央政府、省（市）两级地方政府建立国有资产管理机构，实行三级国

① 详见网址：https：//baike. baidu. com/item/全民所有制工业企业转换经营机制条例。

有资产管理模式，并大力推行以企业法人制度为主体和公司制度为核心的现代企业制度。2017 年 5 月，国务院颁布《国务院国资委以管资本为主推进职能转变方案》，精简国务院国有资产监督管理委员会（以下简称国资委）的 43 项国资监管事项，明确提出下放审批中央企业子企业包括岗位分红权和项目收益分红权在内的资产收益激励方案，授权选聘高级管理人员。2018 年 11 月，国资委制定首份授权放权清单，并要求各地国资委结合当地实际情况制定相应清单，赋予地方国企更多经营自主权。授权放权清单的出台说明拥有充分自主权的企业没有必要就清单上未规定的内容请示国资委。

中央或地方政府将权力向下转移，导致国企内部的管理层权力得到前所未有的增强，国企形成政府机构行政干预下的高管操纵型治理结构。在放权改革进程中，政府推行的“一把手”负责制导致企业的人、财、物大权集中在身兼党委书记、董事长或总经理职务的高管手中（徐细雄和谭瑾，2013），恶化了内部人控制问题。

政府推行的放权改革使我国国企逐步冲破行政管理僵化体制的束缚和阻碍，一定程度上增强了国有经济的生命力、主导力和面对危机时的应对力。然而，随着放权改革的推进，获得企业实际控制权的内部管理者出于理性经济决策的考虑，也许并不会完全按照外部投资者的利益最大化来行动，国企出现管理层谋求自身控制权私利的现象。

3.2.2　政府审计监督制度

国有企业审计是我国政府审计机关自成立以来最早投入审计资源的领域，也是政府审计资源投入较多且不可或缺的监督工作。我国政府审计迄今为止始终密切配合中央实施做大做强国企的重大战略部署，逐步强化国企审计，强调对关键项目、关键环节和重要项目的审计，致力于保障国有经济的健康发展。

1982 年，《宪法》第九十一条规定国务院设置审计机关对国企经营活动的资金往来进行审计监督，国企审计从此被视为我国政府审计的一项基本使命。1983—1985 年，政府审计机关围绕促进国民经济建设的工作中心，不断摸索国有制企业和集体所有制企业的审计方法和审计技术，参加国务院统一发起和组织的财税大检查工作，完成纪委专案组交办的众多违纪专案调查任务。1988 年 11 月，为了打击违反财经纪律行为和提高国民经济效益，国务院发布《中华人民共和国审计条例》，规定政府审计机关要对企业财产属于全民所有的经营单位、中方以国有资产出资与外方投资方共同经营的股权式有限责任公司、中方依照合同约定以国有资产出资与外方投资方组成的有限责任公司或有限合伙企业、有国有资产投入的联营企业实行财务收支审查。国企审计所要考察的客体从国有制企业和集体所有制企业延伸至有国有资产投入的所有企业。政府审计工作项目包括查找数字记录错误和纠正欺诈行为的财务收支审计、针对机关企事业单位和个人违反财经纪律的专项审计、全行业经济活动审计。审计机关积极探索针对重点企业的经常性审计，关注对内部会计控制制度、内部管理控制制度和企业经济效益进行的审计和评价。1993 年，为了顺应国企改革与发展的客观环境，审计署、国家经济体制改革委员会、国家经济贸易委员会共同颁布《全民所有制工业企业转换经营机制审计监督规定》，政府审计内容主要包括检查企业财务会计核算办法与国家财务会计法规相符合的情况、定期或临时查点资产数量、核查收入成本费用和利润、审核股份公司改组和终止时国有资产的变动情况，审计核心是企业资产负债表项目的真实性和合法性，揭发了企业盈利或亏损不符合实际、损害股东享有的剩余权益、经营者因主观故意或过失造成国有资产损失、凭主观臆断进行项目投资开发而导致的资产价值减损问题，促进了国有资产价值的稳步增长，治理了财务乱象。1999 年，中共中央办公厅和国务院办公厅共同颁布《国有企业及国有控股企业领导人员任期经济责任审计暂行规定》，该文件的出台表明政府审计机关开展国有企业审计的工作中心有所转移，从把查找差错和纠正舞弊放在首要位置的财务收支活动审核和评价转变为对企业领导人员任期内经济责任的评价和证明。2003 年，《审计署 2003 年至 2007 年审计工作发展规划》出台，提出“以了解国有企业的实际情况、揭露潜藏不良状况、推动企业发展壮大”为宗旨，坚持以企业领导人任期内经济责任履行情况评价为核心的企业审计思路，推动国企改革向更深阶段发展，强化对国有资产的监督和管理。2009 年，审计署提出“增强经营者管理企业资源的职能、深化国有企业改革、维持和保护国有资本安全、加快国有企业做大做强步伐”的审计思路。经济责任审计着力于揭示和披露影响企业成长的制度弊端，重视发现国有资产安全问题以及玩忽职守不尽职、侵吞挪用公款、收受他人财物、根据内幕消息买卖证券等严重违法乱纪现象（审计署济南特派办理论研究会课题组，2015）。2010 年，《党政主要领导干部和国有企业领导人员经济责任审计规定》出台，经济责任审计关注的内容愈加充实，包括贯彻执行党和国家有关国家经济发展战略的指导方针和方向性纲领情况、所属单位的监督管理情况、党风廉政建设主要负责人履行组织职能和完成工作使命的情况和恪守廉洁从业行为规范情况、企业法人治理结构和内部管理制度情况。2014 年，国务院印发了《加强审计工作的意见》，部署审计工作全覆盖。2015 年，《关于完善审计制度若干重大问题的框架意见》出台，旨在有深度有成效地逐步推进审计对象的全覆盖，不留盲区和死角，并提出健全审计结果运行机制，关注对审计机关的督促和管理。2017 年，《关于深化国有企业和国有资本审计监督的若干意见》出台，克服现有政府审计弊端的体制改革步入关键时期，国有资产相关监管机构成为新的审计重点，国企审计范围得到扩展。2018 年，党的十九届三中全会提出成立中央审计委员会，将审计工作置于党的集中统一领导之下，加大审计监督力度，优化审计监督效率。

综上所述，在推动和深化国企改革的宏观环境下，政府审计长久以来都是举足轻重的经济监督制度。从初期的以查找数字记录错误和纠正欺诈蒙骗行为为目标的财务收支审计，到审核真实性和合法性的资产负债表项目审计、评价实现经济效益程度和途径的经济效益审计、评价和证明企业法定代表人任期内受托责任履行情况的经济责任审计，再到保障国有资产安全、优化经营管理、推动党风廉政建设、促进党和国家有关经济发展战略的指导方针和方向性纲领贯彻执行的审计工作，国企审计重点在逐步推移，但是政府审计监督制度始终没有脱离监督和制约国企高管权力行使以及防范、揭露和惩处“以权谋私”式经济犯罪的范畴。

政府放权改革是地方国有上市公司管理层权力集聚的重要条件。因此，本书在对管理层权力诱发高管侵占型职务犯罪进行机理分析时需要考虑这一制度背景对诱发作用的影响。政府审计是对国企经济运行和管理层权力使用进行监督的重要制度安排，这一经济监督制度对管理层权力诱发高管侵占型职务犯罪的治理效果如何有待分析和检验。

3.3　管理层权力、政府审计与高管侵占型职务犯罪的理论解释依据

3.3.1　委托代理理论

委托代理理论由詹森和麦克林（1976）首次提出，随后由霍姆斯特罗姆（1979）进一步发展完备。委托代理理论的核心内容是关于委托代理关系中由于拥有信息优势的委托方和处于信息劣势的代理方两者目标函数存在差别而导致的委托代理问题。第一，代理方与委托方希望达成的利益目标不相同。作为决策理性的经济人，代理方不会为实现委托方利益最大化而勤勉竭力，只会采取有利于自身得到最大利益或者最符合自身利益的行为，谋求津贴收入、除工资报酬外的额外收益、闲暇时间的增长或是通过过度投资构建商业帝国来获得更为稳固的地位。第二，委托方和代理方获得的信息存在差异。当委托方没有办法辨别代理方的才干、认真度、责任度等情况时，代理方或许会选择隐藏信息或提供不真实信息的方式，以方便缔结有利于代理方的合约，或者作出难以被委托方发现的偷懒行为或损人利己行为。由于委托代理问题的存在，代理方的一系列机会主义行为将使委托方蒙受利益损失。

3.3.2　寻租理论

寻租理论的出发点是确定“租”和“寻租”概念的内涵。“租”，即“经济租”，在经济学里原本是指社会生产经营活动所需资源要素的权属人所获得的收入高出此资源要素机会成本的超额利润。如果某个产业中资源要素收入高于其他产业的资源要素收入，该产业就具有此资源要素的“经济租”。克鲁格（1974）将寻租解释为“在政府对社会经济进行总体调节和控制的情形下，人

们为了获得自身利益，往往不再通过增加生产、降低成本的方式来增加利润，反而把人力财力用于争取政府的种种优惠”的行为。布坎南（1980）对寻租作出进一步解释，认为寻租是在某种制度环境下人们凭借政府保护和寻求财富转移而造成资源浪费的非生产经营活动。寻租不同于寻利，寻租的结果只是寻租者获得了非生产型的超额收入，即“租金”，而寻利的结果是社会剩余，能促进资源要素有效配置和带来经济增长。寻租最初是针对政府主体而言的，即所谓的政治寻租。本书中所要研究的寻租活动是指地方国企中权力拥有者的寻租行为，即管理者利用手中职权积极为自身谋求经济利益的一种行为方式。

3.3.3 舞弊三角理论

斯蒂文·阿尔布雷克特（1995）提出舞弊三角理论，将舞弊发生原因归纳为动机（压力）、机会与借口这三个基本要素。诱发舞弊的第一个要素是动机。根据《心理学大辞典》的解释，动机是刺激、继续和保持人们所采取的行动并使行动向某一目标发展的心理意图或内部驱动力。动机的强弱主导人们行动的目标，以间接或无形的方式改变行为人精力和工夫的投入水平以及行为人碰到阻挠时的持久力。基于心理学的角度分析，动机对人的行为起引导和控制的作用，而动机并非凭空产生，动机出现是由于人们具有想得到某种东西或达到某种目标的需求①。意图满足需求的愿望越强烈，心理负担即心理压力越大，而为了释放、减轻逐渐增强的压力，人们继而实施某些行动（张蕊，2012）。压力是引发

① 并不是任何需求和压力都能转化为动机。只有需求指向一定的目标，并且行为人相信存在达到目标的可能性时，才能形成动机，需求才会对行为有推动力。认知理论认为认知具有影响动机形成的功能，人的认知变量如对风险的意识和评价在行为决策中起着重要的作用。

人们行为动机的先决条件。因此，本书在讨论动机的时候通常将动机和压力联系起来阐述。诱发舞弊的第二个要素是机会。机会，也称为时机，是指具备时间特征的有利形势或环境。舞弊的机会就是能够促进舞弊行为实施或帮助舞弊行为隐藏的形势或环境。由于形势或环境的有利性，行为人进行舞弊活动的时候很少或不会遭遇阻挠，舞弊活动难以被他人察觉，舞弊的实施者因此可以在一定的时间内躲避和摆脱责罚。诱发舞弊的第三个要素是借口。借口是指舞弊行为人认可舞弊行为的不恰当性，但是又以非正当理由或假托理由拒绝承担责任。在面临压力和获得机会之后，意图舞弊者会积极寻找表面上看似合乎道理的借口以求取“心安理得”，使舞弊活动符合本人对道德的认识和看法。

3.3.4 权力制约论

关于权力制约论，孟德斯鸠（1961）表达了两个基本观点：不受任何限制的权力必然导致以权谋私；唯独权力可以实现管制另一权力的目标。权力制约论不但是现代国家“三权分立”的理论依据，而且也是在地方国企这一微观组织中约束管理层权力的理论指导。高管经营管理地方国企，履行国有资产保值增值的公共受托经济责任，受托经济责任的履行过程本身就是行使经济权力的过程。权力的行使具有两面性。一方面，由于权力的存在，地方国企高管能按既定的想法和目标进行相应的经济活动。另一方面，由于人性的贪婪和“理性经济人”的特征，高管有机会主义倾向，在权力的获利性和膨胀性的作用下，权力执行发生异化的可能性增大，高管容易走上假借公家名义和利用手中权力谋取私利的侵占型职务犯罪道路。作为国企终极产权所有者的全体公民，既要对国企高管进行有效的激励，放权赋权促使其充分发挥管理才能，又要以权力制约理论为指导对管理层权力进行必要的监督和制约。

3.4 本章小结

本章属于理论概述部分。首先，对管理层权力、高管侵占型职务犯罪和政府审计进行界定。其中，管理层权力是管理层规避不确定性、抑制反对意见、执行自身意愿的能力，是导致、控制或转变企业组织内部其他成员行为的感召力和说服力，它包括结构权力、所有权权力、声望权力和专家权力四个维度。侵占型职务犯罪是指企业高管为寻求个人经济利益，故意不正当地行使法定职权，通过贪污、受贿、挪用和自我交易等方式侵吞公物、侵占经手的钱财、掠夺企业财产并应受刑法处罚的犯罪行为，包括贪污罪、受贿罪、挪用公款罪、内幕交易罪、巨额财产来源不明罪、私分国有资产罪。政府审计是国家或政府机关设立的审计机构所组织实施的监督活动。其次，对政府放权改革和政府审计监督制度进行制度背景介绍。最后，对管理层权力、高管侵占型职务犯罪和政府审计三者之间关系所涉及的理论解释依据依次展开阐述，包括委托代理理论、寻租理论、舞弊三角理论、权力制约理论。明晰相关概念以及介绍制度背景和理论解释依据为第4章的机理分析奠定了基础。

第4章 管理层权力、政府审计与高管侵占型职务犯罪的机理分析

本章借助前文的理论解释依据，遵循“管理层权力集聚——权力寻租——高管侵占型职务犯罪——政府审计治理”的总体分析思路，具体分析管理层权力如何诱发高管侵占型职务犯罪以及政府审计能否对管理层权力诱发高管侵占型职务犯罪产生治理效应。

首先，从管理层权力出发，依据委托代理理论分析管理层权力集聚的原因；其次，依据寻租理论分析高管侵占型职务犯罪的权力寻租本质；再次，依据舞弊三角理论从动机（压力）、机会、借口方面分析管理层权力诱发高管侵占型职务犯罪的因素和路径；最后，依据权力制约理论分析政府审计制约管理层权力的本质和对管理层权力诱发高管侵占型职务犯罪进行治理的路径。

4.1 管理层权力诱发高管侵占型职务犯罪的机理分析

4.1.1 基于管理层权力集聚的分析

根据委托代理理论，由于管理层和股东的目标函数不一致以及信息不对称，管理层可能采取一些损害股东利益的行为，代理问题产生（Jensen 和 Meckling，1976）。在我国地方国企，全民所有权虚置和委托代理链条多层级使我国地方国企的实际控制权掌

握在管理层手中，代理问题变得更加严重。

（1）全民所有权虚置。从宪法的角度来看，地方国企的所有权和国有资产的处置权最终属于全国人民。但是，全民由于无法直接行使所有者权力，所以委托国家再由国家委托各级行政机构代为行使。最后，各级国有资产管理部门履行出资人职责，同时接受本级政府的监督和管制。可见，全民所有其实只是名义上的所有。作为利益主体的全民并非特定的自然人，单个公民享有地方国企的收益份额或承担的债务风险是难以量化且微乎其微的。同时，单个公民也没有实际权力去支配资金和影响人事任命。因此，也就缺少明确的利益主体来行使监督职能。即便是政府机构、各级国有资产管理部门代理所有者行使监督权，众多的代理环节也使得他们不可能真正有效地监督管理层行为，从而导致所有者权力虚置和监督责任悬空。

（2）委托代理链条多层级。在我国地方国企，委托人和代理人依次是全国人民、全国人民代表大会、国务院、各级政府、国有资产监督管理委员会、国有资产经营机构、董事会和监事会、管理层。委托代理链条冗长，削弱了资本所有权的约束作用。中间代理人具有委托人和代理人的双重身份，导致其有权无责。地方国企的委托代理关系存在所有权代理和经营权代理的叠加现象，委托人掌握着对下一级代理人的选择权，追究代理人的责任就意味着自身工作失职，出于自身利益的考虑，委托人可能会放弃对代理人责任的追究。委托代理的多层级延长了信息传输过程，加剧了委托人和代理人之间的信息不对称。相比政府机构和政府官员等中间代理人，管理层拥有企业信息方面的天然优势，能够及时准确地知晓企业的财务状况和经营成果等重要信息。而中间代理人只能通过冗长的代理链条逐级获取企业信息，信息传递无法及时有效，信息失真凸显。因此，委托代理链条的多层级加剧了中间代理人和管理层之间的信息不对称，削弱了对管理层的监督。

20 世纪 80 年代初开始的国企放权改革进一步弱化了所有权约束功能。1992 年 7 月，以进一步扩大企业自主权为目的，国务院颁布《全民所有制工业企业转换经营机制条例》，正式授予高管关于生产经营决策权和产品劳务定价权在内的 14 项权力。放权改革的初衷是扩大企业自主权，盘活国企资产。但是在放权改革进程中，政府推行的“一把手”负责制导致企业的人、财、物大权集中在身兼党委书记、董事长或总经理职务的领导手中，导致改革偏离了既定目标，地方国企成为“行政干预下的经营者控制型”企业（卢馨等，2014）。可见，放权改革背景下，随着委托代理链条的延伸，处于链条末端的管理层获得了极大的企业控制权。

综上可知，全民所有权虚置和委托代理链条多层级使我国地方国企的实际控制权集聚在管理层手中，在一定程度上赋予了管理层通过影响企业决策和行为来追逐自身利益的能力和条件。

4.1.2 基于管理层权力寻租的分析

全民所有权虚置和委托代理链条多层级使地方国企的权力高度集聚在管理层手中，权力成为管理层寻租的力量源泉，导致管理层权力寻租现象普遍存在。随着政府放权改革的深入，我国国有上市公司面临更多的管理层权力寻租风险。随着管理层权力强度增加，他们更有动机和能力去实施关联交易（Bolton 等，2006），构建商业帝国（Oler 和 Olson，2011），谋取超额薪酬（Adams 等，2005；权小锋等，2010），进行奢靡在职消费（陈冬华等，2005），甚至是贪污受贿等职务犯罪行为（陈信元等，2009）。

根据寻租理论，高管侵占型职务犯罪的实质是委托代理关系下高管为了掠取经济利益而利用所掌握的剩余控制权进行的权力寻租行为（张蕊和管考磊，2015）。由于企业无法和管理层签订完备的契约，管理层获取了自由度很高的剩余控制权。只要再不违反先前签订的契约条款，管理层就可以任意决定资产的使用。脱离了契约的束缚，理性经济的管理层自然会利用手中掌控的资源配置权为自己谋取私利，要么将权力视同商品般出售给寻求权力帮助的人，换取权力租金即收租（Bebchuk 等，2002；Eric，2010），要么将权力用作在企业内部拓展收租空间的工具，积极主动地创造收租的便利机会即设租（张蕊和管考磊，2015）。无论是收租还是设租，高管侵占型职务犯罪行为本质上都是滥用权力为个人谋取私利的违法犯罪行为。

4.1.3 基于管理层权力诱发高管侵占型职务犯罪的因素和路径分析

根据寻租理论，管理层权力的膨胀会导致地方国企高管设租和收租，侵占型职务犯罪本质上就是委托代理关系下管理层的权力滥用与权力寻租，地方国企的高管为了攫取租金而实施犯罪。然而，具备权力的高管为什么会受到租金的驱使？权力诱发高管实施贪污、挪用等侵占型职务犯罪行为的深层次原因是什么？路径是什么？既然侵占型职务犯罪是一种性质极为严重的欺诈与舞弊行为（张蕊，2012），那么回答上述问题的关键是对舞弊因素的分解。鉴于舞弊三角理论是最具代表性的舞弊成因理论，本书将运用该理论从动机（压力）[①]、机会与借口三个方面对管理层权力如何诱发高管侵占型职务犯罪展开因素和路径分析。

（1）权力是促使高管实施侵占型职务犯罪的动机（压力）来源。管理层权力是形成、影响或改变企业组织内部其他成员行为

① 根据《心理学大辞典》的解释，动机是激发和维持有机体的行动并将使行动导向某一目标的心理倾向或内部驱力。动机有三个要素：一是决定人行为的方向，即选择作出什么样的行为；二是努力的水平，即行为的努力程度；三是坚持的水平，即遇到障碍时付出多大努力坚持自己的行为。从心理学上讲，人的行为是由动机支配，而动机是由需求引起的，没有需求就不可能产生动机。人们因欲望、需求、需要会产生一种心理负担即心理压力，为了释放、缓解这种压力，人们才会采取一定的行动（张蕊，2012）。压力是引发人们行为动机的先决条件。因此，本书在讨论动机的时候通常将动机和压力联系起来阐述。

的影响力（卢锐等，2008）。此力量客观存在于企业组织的人际关系之中，同时能形成掌权者感知到自身有能力影响他人的一种心理状态（Galinsky 等，2003）。因此，管理层权力既是组织成员关系的组织属性，亦具备心理属性（成年等，2014）。心理学的权力趋近理论认为拥有或体验权力更容易激活趋近系统，进而影响掌权者的动机、认知及其行为表现（Keltner 等，2003）。其中，趋近系统是指想要获得食物、成就、财富等奖酬的一种动机，能够调节与奖酬相关的认知和行为并促使掌权者追求并达成相关奖酬目标（Depue，1995）。

在地方国企，高管是实际控制权的拥有者，权力感知会使他们处于趋近财富的压力状态之下，加上受到中国的垂直集体主义文化强调权威意志的影响，高管的心理距离①增大，从而趋近个人利益而非集体利益的动机加强（Torelli 和 Shavitt，2010）。权力感越高，对财富的趋近压力越强烈（Anderson 等，2012），趋近倾向越明显（Smith 和 Bargh，2008）。趋近个人利益和追求财富的方式既有努力工作，也有奢靡在职消费，甚至是贪污受贿和资产挪用等侵占型职务犯罪活动。高管选择何种方式取决于对不同方式下收益和风险的衡量。一方面，理性的高管希望将有限的时间和精力用于使自身收益最大化的活动。努力工作，即从事生产经营活动，可以提高国有企业的经营业绩，但由于长期以来刚性薪酬管制的存在，企业经营业绩的提升不一定能带来高管显性收入（阳光收入）的增长。由于显性激励不足，高管替代性地选择奢靡在职消费或侵占性职务犯罪活动方式，从而获取灰色或黑色收入。

---

① 心理距离是指个体对另一个体或群体亲近、接纳或难以相处的主观感受程度，表现为在感情、态度和行为上的疏密程度。疏者心理距离远，密者心理距离近。Kipnis（1972）、Lammers 等（2012）研究发现：权力使掌权者感到与众不同，在心理上与他人分离，掌权者与他人的距离感拉大，心理距离增加。

而考虑奢靡在职消费日益受到社会公众的关注[①]，特别是“八项规定”出台之后，国企高管选择侵占型职务犯罪活动这种隐蔽方式去谋取私利的动机愈加强烈。由此可见，财富趋近压力导致高管更加关注贪污、侵占行为带来的收益。另一方面，财富趋近压力迫使高管低估或忽视潜在声誉风险和牢狱风险，其风险感知更加乐观（Inesi，2010）。身为理性经济人，高管拥有很强的自利价值取向，考虑到市场经济环境下评价成功与否和社会地位高低的关键是个人财富的多寡，高管自然会萌生出贪婪的欲望（张蕊，2012）。高管因贪欲产生一种“求而不得”的心理负担，压力累积进而诱使高管产生控制错觉，高估自身掩盖犯罪行为和逃避惩罚的能力（Fast 等，2009）。这种自我认知偏差越大，高管就越有可能受到潜在犯罪收益的诱惑，希望释放心理负担的愿望就越强。

权力形成财富趋近压力，进而导致高管盲目关注收益和低估风险，从心理层面而言，此时的高管不仅萌发了通过侵占型职务犯罪获取财富的强烈需求，而且采取敢于实施犯罪的风险态度，风险意识被弱化，将财富需求转化为实际犯罪行为的动机[②]形成。那么，除了权力之外，高管的哪些特征可能弱化其风险意识，进而促使犯罪动机形成？从《2014[③] 中国企业家犯罪报告》中发现：国企的女性犯罪企业家占比为 9.9%，远低于 2014 年国企女性高

---

① 社会公众可以通过查阅两市年报附注中“支付的其他与经营活动有关的现金流量”项目获取在职消费的有关数据。年报披露规则规定，该项目中大额的明细项目应予披露。

② 从心理学上而言，人的行为是由动机支配的，而动机是由需求引起的，没有需求就不可能产生动机。但是，并不是任何需求都能成为动机，只有需求指向一定的目标，并且行为人相信存在达到目标的可能性时，才能形成动机，需求才会对行为有推动力。认知理论认为认知具有影响动机的功能，人的认知变量如对风险的意识和评价在行为决策中有重要的作用。因此，本书认为，当高管低估实施侵占型职务犯罪的风险程度时，他会认为通过实施该犯罪行为获取财富的可能性较大，犯罪动机才得以形成。

③ 涵盖 2013 年 12 月 1 日至 2014 年 11 月 30 日的刑事案件判决书、裁定书内容。

管占比15%[①]；企业家犯罪涉案国企数量最多的三个省份为河南（20家）、浙江（16家）、山东（13家），而2014年官员贪污腐败案件数量最多的三个省份为河南（3 195件）、山东（2 920件）、湖北（2 375件）[②]。这些数据从一定程度上说明男性高管和来自较高官员腐败程度区域的高管实施犯罪这种冒险和投机行为的概率更大。可能的解释是，相较于男性高管，女性高管的风险厌恶程度更高（Zuckerman，1994；Gulamhussen等，2010），更倾向于避免实施冒险和投机行为，在决策过程中呈现风险规避的特征。男性高管盲目关注犯罪收益和低估犯罪风险的倾向更明显，犯罪风险意识更弱，犯罪动机更强。当处于同一区域的官员腐败现象严重时，普遍存在的官员腐败活动将向地方国企高管传递以权谋私的违法犯罪行为具有高收益低风险的信号（陈刚，2013）。高管的犯罪风险意识弱化，在作出犯罪与否决策时所引发的压力和不安得到了缓解，实施贪污、挪用国有资产等犯罪活动的动机得以增强。

因此，如图4－1所示，在权力所形成的财富趋近压力状态下，地方国企高管盲目关注侵占型职务犯罪活动所产生的收益，低估潜在声誉风险和牢狱风险，压力膨胀使高管实施侵占型职务犯罪的风险意识弱化，将财富需求转化为实际犯罪行为的动机形成，犯罪行为的发生概率增大。通过风险意识的作用，管理层性别差异和地区官员腐败程度[③]对高管侵占型职务犯罪动机的形成产生了一定的影响。

（2）权力激发高管积极寻找或主动创造实施侵占型职务犯罪

---

① http：//news. hexun. com/2016－09－30/186275039. html.

② 数据来源：《中国检察年鉴（2014）》。

③ 影响风险意识以及动机形成和强度变化的因素不限于管理层性别差异和地区官员腐败程度，在此本书仅给出研究这一问题的思路。

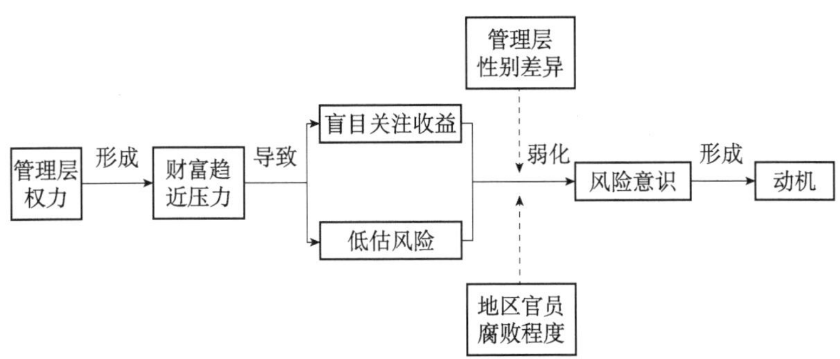

图 4-1 管理层权力诱发高管侵占型职务犯罪的动机形成路径

的机会。趋近财富的压力（动机）是否会转化为实际的侵占型职务犯罪活动，关键在于是否存在高管实施犯罪的机会。此机会就是能够推动高管实施侵占型职务犯罪行为或有助于侵占型职务犯罪行为隐藏的形势或环境。由于形势或环境的有利性，不法高管进行侵占型职务犯罪活动的时候很少或不会遭遇阻挠，犯罪活动又难以被他人察觉，从而能够暂时或长久逃脱惩罚以及达到获取犯罪收益的目的。

在地方国企，高管掌握了企业内部大多数资源配置的控制权，拥有利用国企的垄断地位和自身权力在工程招揽、物资采购等方面进行权力寻租活动的天然机会（张军和王祺，2004）。由于权力膨胀和释放财富趋近压力的需求增加，高管会积极寻找或创造释放压力的机会。地方国企内外部监督不到位导致监管环境薄弱，为高管实施侵占型职务犯罪提供了有利的客观环境，高管进而可以利用权力干扰内部控制质量和任意支配自由现金流的使用，在企业内部主动创造寻租空间，形成实施侵占型职务犯罪的机会。

在 20 世纪 90 年代初建立现代企业制度和发展社会主义市场经济的大背景下，地方国企监督主体发生较大变化，从单一监督主体、内部多元监督主体逐步过渡到内外部多元监督主体，监督主体既涵盖了董事会和监事会等内部监督主体，又涌现出国资委、纪检监察、媒体等外部监督主体。虽然内外部监督主体对于规范地方国企管理以及制约管理层权力发挥了一定的积极作用，但是仍然存在监督不到位的情况。具体而言，董事会和监事会没有很好地履行职责，尚未形成针对管理层权力的内部制衡机制。国资委是代行国家出资人职能的代理人，是负责聘任具体经营管理者的委托人，是督促国有资产保值增值的监督人。这三个角色的重叠容易模糊国资委角色定位，使得国资委缺乏独立性和公正性，对高管的监督没有产生实际效果。纪检监察机关对地方国企高管职务犯罪案件的查处力度相较于对地方党政干部职务犯罪案件的查处力度而言明显薄弱，上级纪检监察机关的监督鞭长莫及，同级纪检监察机关的监督力度不强。媒体信息不能完全保证客观性、专业性和全面性。在商业利益的驱动下，某些自媒体用片面的观点看待整体问题，或者故意夸大和捏造事实，而属于国家运营与管制范围的官方媒体缺乏第一时间揭露高管贪腐等经济犯罪问题的动力。因此，内外部监管不到位导致监管环境薄弱，为高管实施侵占型职务犯罪提供了有利的客观环境，助长了地方国企高管利用权力在企业内部干扰内部控制质量和占用自由现金流。

一方面，在薄弱的内外部监管环境下，管理层权力转化为干扰内部控制质量的能力，形成实施侵占型职务犯罪的条件。内部控制是由高管制定、董事会审批通过的一套政策和程序，是以人为核心的制度建设行为。掌握实际经营决策权的高管扮演着“中心人”的角色，承担着内部控制建设和保持其有效性的主要责任（赵息和张西栓，2013）。内部控制质量更多地受到管理层意愿的影响（杨德明和赵璨，2015）。那么，涉及高管侵占型职务犯罪的企业是否缺乏良好的内部控制机制呢？从已公布的高管侵占型职务犯罪案件来看，涉案企业的内部控制存在有缺陷或执行不到位的问题（张蕊，2012）。作为一套内生于企业组织的自我约束与控制机制，内部控制多数情况下表现出对执行具体业务的工作人员的约束和控制，而对管理层权力的制约作用并不明显，管理层权力反而会使内部控制制度沦为代理问题的一部分（胡明霞等，2015）。管理层权力过于集中，会诱发“堑壕效应”。即为了便于实施和隐藏侵占型职务犯罪行为，高管不会好好建设内部控制制度（周美华等，2016），反而会凌驾于内部控制制度之上，制约或阻碍内部控制的有效运行（郭军和赵息，2016）。此时的管理层权力衍化成为拓展收租空间的工具，高管积极主动地通过降低内部控制质量来创造谋取私利的内部便利条件。

具体而言，高管在自利动机驱使下，会利用权力对内部环境、风险评估、控制活动、信息系统与沟通、内部监督①产生消极影响。首先，管理层权力会降低地方国企的内部环境质量。“管理层基调”是内部环境质量的关键因素（郭军和赵息，2016；张萍和徐巍，2016）。高管意图谋取私利，就不会在企业内部营造诚实守信和合乎道德的文化，他们更乐于见到企业内部员工“唯上司是从”，宣扬权威服从文化。“从上”的权力文化引发的直接后果是各级下属很难且不愿对管理层行为实施有效监督，企业内部“上行下效”，侵占国企利益的现象蔓延开来。“一把手负责制”仍然是多数国企采用的行政管理体制（胡明霞等，2015），这导致董事会参与公司治理的程度有限，从而进一步损害了内部控制环境质量（李育红，2011）。其次，管理层权力会降低地方国企的风险评估质量。在管理层的绝对权威领导下，国企无法真正建立针对高管利用内幕交易获取私利、非法占用公司资产、贪污受贿等侵占

① 《企业内部控制基本规范》将内部控制划分为内部环境、风险评估、控制活动、信息系统与沟通、内部监督五要素。此处的内部监督是指对内部控制制度的建立和实施情况进行监督和评价，与上文中对管理层权力进行的内部监督存在区别。

型职务犯罪这一风险的评估过程。识别高管犯罪风险、评估高管犯罪风险的重大性和可能性以及确定应对措施的机制更多地呈现出“装饰性功能”。再次，管理层权力会降低地方国企的控制活动质量。侵占型职务犯罪案件多发于人事任免、财务运作、物资采购、工程招标等关键领域和环节，在这些关键领域和环节，高管可利用职权安排“唯领导马首是瞻”的亲信任职，以达到自身权力不受他人掣肘的目的，或者直接越过内部控制，个人代替集体决策，使授权和审批制度流于形式。此外，管理层权力会降低地方国企的信息系统与沟通质量。为了避免贪污、挪用资产等侵占型职务犯罪实施后被他人发现，不法高管会利用各种会计方法掩盖罪行（张蕊，2011），利用权威性职权授意财务人员对编制财务报表所依据的会计记录或支持性文件进行操纵、伪造或篡改。企业的信息系统（尤其是与财务报告有关的信息系统）并没有如实反映管理层经营管理责任的履行情况，高管对此“心知肚明”，自然不会和董事会、注册会计师等人士就财务信息系统中“可疑的不恰当事项和记录”进行有效沟通，从而对信息系统和沟通质量产生负面影响。最后，管理层权力会降低地方国企的内部监督质量。通常而言，企业委派内部审计机构对内部控制制度的设计和运行情况作出评价和监督。评价和监督职能的有效履行要以内审机构的独立性为前提（王守海和杨亚军，2009）。而从王兵和鲍国明（2013）搜集的案例材料来看，国企的内审机构大多数隶属于总经理、董事会或审计委员会。若内审机构对总经理报告，总经理为代表的管理层将难以听取内审机构关于内控设计缺陷或运行偏差的批评意见。若内审机构对董事会或审计委员会报告，由于高度集权的管理层可以影响董事会决策（权小峰等，2010）以及削弱审计委员会的监控效率（刘焱和姚海鑫，2014），内审机构的独立性仍然不充分，从而内部监督质量被削弱。因此，管理层权力过大会导致内部控制形同虚设，而失效的内部控制就不可能对高管侵占型职务犯罪产生防止、发现和纠正作用。也即，高管可以通过控制权干扰内部控制质量，从而在企业内部主动创造寻租空间。

另一方面，在薄弱的内外部监管环境下，自由现金流成为高管可以控制和任意支配的资源，从而为高管带来自由裁量权的增长。在两权分离、利益不一致、信息不对称的情况下，自由裁量权的增长可能导致自由现金流的滥用，引发一系列的代理问题，例如，高管将自由现金流用于过度投资、低效收购和奢靡在职消费用，甚至以贪污、挪用等方式侵占企业的现金资源（刘银国和张琛，2012；张亦春等，2015；张蕊和管考磊，2016）。高管出于一己私利的目的，伺机利用职权占用现金流，为其实施侵占型职务犯罪留下作案机会。

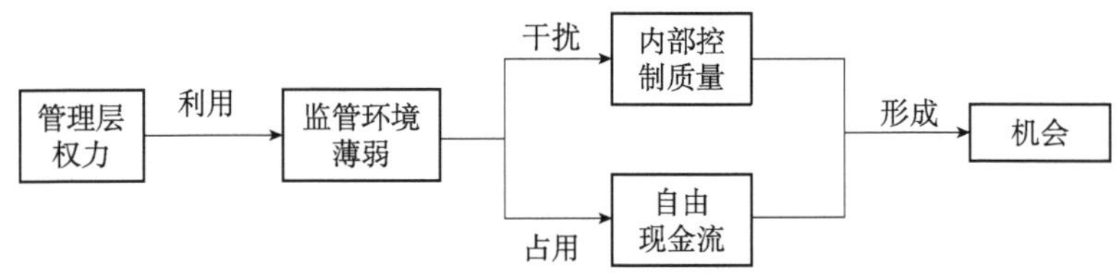

图 4－2　管理层权力诱发高管侵占型职务犯罪的机会形成路径

总之，如图 4－2 所示，地方国企内外部监督不到位导致监管环境薄弱为高管实施侵占型职务犯罪提供了有利的客观环境，高管进而可以利用权力干扰内部控制质量和任意支配自由现金流的使用，在企业内部主动创造寻租空间，形成实施侵占型职务犯罪的机会。

（3）权力促使剩余控制权和剩余索取权不对等成为高管实施侵占型职务犯罪的借口。在面临压力和获得机会之后，为了求得心理安慰，高管会为意欲实施的侵占型职务犯罪活动寻找貌似合理的理由，使自身行为与本人的道德观念、行为准则相一致（张蕊，2012）。从已搜集的地方国企高管侵占型职务犯罪案件来看，剩余控制权和剩余索取权不对等是高管实施贪污、受贿、挪用等侵占型职务犯罪的惯用借口。

在地方国企，全民所有者的缺失和委托代理关系的复杂化使得契约约定之外的剩余控制权转移到了高管手中，高管由此不仅拥有特定控制权，还获得了剩余控制权。权力的增长会带来控制感的强化，进而提高掌权者的自尊意识（Fast 等，2009），促使掌权者认为自己比他人更有价值、更重要（Rucker 等，2011）。所以，一些国企高管会认为自己在企业的发展中立下了汗马功劳，作出了巨大的贡献，将企业创造的财富都归功于自己的辛勤付出和英明领导，必然要求与业绩贡献相匹配的回报。然而，现实的薪酬水平和期望值相差甚远。为了减少地方财政赤字、增加财政盈余、维护社会公平与稳定，作为成本的货币化薪酬在很大程度上受到政府的严格管制。而由于我国股权激励起步较晚，国企高管持股水平又总体偏低（陈冬华等，2005；徐细雄和刘星，2013）。高管缺少享有剩余收益（总收益减去合约报酬）的权力，即剩余索取权，就容易形成自我利益被侵蚀的消极心态，以拥有较大的剩余控制权但缺乏对应的剩余索取权为借口，实施贪污、受贿、挪用等侵占型职务犯罪。Hart 和 Moore（2008）认为，高管在关注自身薪酬水平的同时，还会留意与他人的薪酬差距。倘若获得的报酬与普通员工或其他企业高管相比并不具备明显的优势，高管就会认为自我价值没有得到体现，个人薪酬欲望没有得到满足（张蕊和管考磊，2016），这将促进高管实施贪污、受贿、挪用等侵占型职务犯罪借口的形成。

因此，如图 4－3 所示，管理层权力强化了地方国企高管的自尊意识，进而导致薪酬期望提高，而当高管的薪酬期望无法得到满足时，剩余控制权和剩余索取权不对等成为高管实施侵占型职务犯罪的借口。而内外部薪酬差距会进一步影响高管对于个人薪酬期望是否得到满足的评价，促使高管实施侵占型职务犯罪借口的形成。

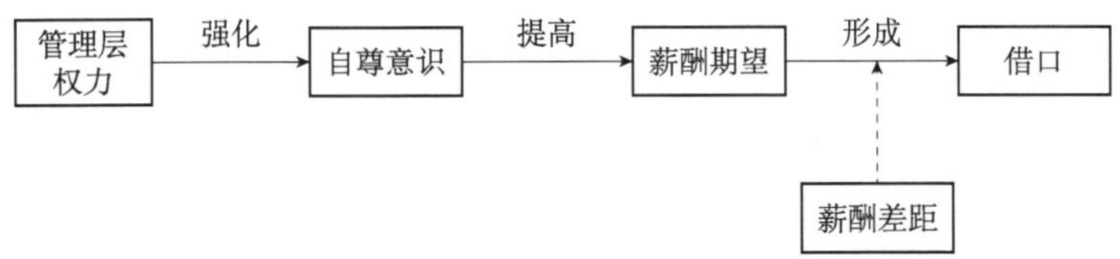

图4-3 管理层权力诱发高管侵占型职务犯罪的借口形成路径

综上可知，如图4-4所示，管理层权力是促使地方国企高管实施侵占型职务犯罪活动的动机（压力）来源，激发高管积极寻找或主动创造实施侵占型职务犯罪的机会，导致剩余控制权和剩余索取权不对等成为高管实施侵占型职务犯罪的借口。在管理层权力诱发高管侵占型职务犯罪的整体路径中，首先，权力导致动机（压力）增大，其次，高管为了释放压力而寻找或创造机会，最后，构思貌似合理化的借口。动机（压力）、机会和借口呈现出递进式影响高管“理性”决策是否实施侵占型职务犯罪。因此，对管理层权力诱发的高管侵占型职务犯罪进行治理，我们要对症下药，从这三个因素着手，削弱权力寻租的动机（即缓解压力），消除或减少侵占型职务犯罪的机会，瓦解高管意图实施侵占型职务犯罪的借口。

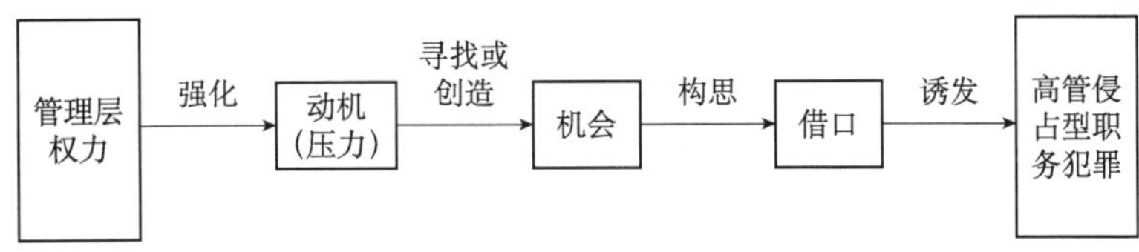

图4-4 管理层权力诱发高管侵占型职务犯罪的因素和整体路径

4.2　政府审计治理管理层权力诱发高管侵占型职务犯罪的机理分析

权力制约理论认为，缺乏监视、督促和管理的权力势必招致权力的滥用，唯独权力才能够达到制衡另一权力的目的。权力制约，就是按照特定的条例、章程和方式对权力实行强制性的控制和管束，切实保证权力运行符合法律规定和避免异化。政府审计由国家法律授予经济监督权，长期以来在党和政府的文件中被视作重要的权力制约和监督机制（郑石桥，2014）。党的十六大报告提出运用审计对权力进行制约，党的十七大报告强调重点加强对领导干部的质询问责和经济责任审计，党的十八大报告指出要加强对重点专项资金和重大投资项目的审计。政府审计本质上是组织外部的一种权力对组织内部权力的约束，是依法利用权力制约权力的重要制度安排，这一观点得到众多学者的支持（蔡春和李江涛，2009；刘家义，2011；戚振东和尹平，2013；戚振东等，2015）。然而，政府审计为什么能对权力产生制约作用，尤其是对地方国企这一微观组织中的管理层权力产生制约作用，从而治理由其诱发的高管侵占型职务犯罪？现有文献缺乏对该问题的剖析。基于前文对管理层权力诱发高管侵占型职务犯罪的因素和路径的分析，本书试图在舞弊三角理论的指导下对政府审计的治理路径和效果进行机理分析。政府审计能够治理管理层权力诱发高管侵占型职务犯罪的根本原因在于：它可以通过强化高管的寻租风险意识，削弱管理层权力寻租的动机；通过提高内部控制质量，压缩管理层权力的内部寻租空间；通过加强外部监管环境，减少高管侵占型职务犯罪的外部机会。

4.2.1 削弱管理层权力寻租的动机

随着管理层权力的膨胀，高管倾向于低估潜在的牢狱风险和声誉风险，从而更加关注权力寻租带来的收益。权力会“麻痹”高管的风险意识，导致高管误以为自身的违法犯罪行为难以被发现或即使被发现也有途径避免处罚。在较强的寻租动机下，高管更易于作出从事犯罪的“理性”决策。因此，治理管理层权力诱发侵占型职务犯罪的理想机制应具备能够强化高管寻租风险意识的揭露功能和惩处功能。而政府审计正符合这一特征，可以达到强化高管寻租风险意识的效果。下文将分别从揭露功能和惩处功能这两个方面阐述政府审计如何对地方国企高管产生威慑作用，从心理层面强化其寻租风险意识，抑制管理层权力寻租的动机。

（1）政府审计具备揭露功能，能够强化高管的寻租风险意识和削弱管理层权力寻租的动机。目前，我国政府审计机关对地方国企开展的审计项目主要有财务收支审计、任期经济责任审计、专项跟踪审计、国有资本经营预算审计。其中，国有资本经营预算审计是为了加强国有资产监管、推动国有资本标准化管理、调整和完善国有经济规划和安排、提升国有资本经营效率和投资收益而出现的效益审计（王长友和戚艳霞，2016），与揭露高管侵占型职务犯罪并无很强的直接关联，故本书不作出进一步阐述。而财务收支审计、任期经济责任审计、专项跟踪审计皆具有明显的揭露功能。具体而言，财务收支审计从会计资料中查找高管侵占型职务犯罪的线索，任期经济责任审计揭示高管“权力运行”和“责任履行”的不良状况，专项跟踪审计在对特定事项进行全过程的动态连续调查中发现高管侵占型职务犯罪行为。

一是财务收支审计可以从会计资料中查找高管侵占型职务犯罪的线索。侵占型职务犯罪是不法高管利用手中权力谋取私利和以不法手段占有国企财物、资产的罪行。不法高管通常凭借各式会计手法弄虚作假，例如，夹带“私票”公款报销、为冒领工程价款而虚报工程进度和工料数量、捏造篡改会计单据、虚构支出和损失、不如实开具发票、为截流挪用而推迟入账时间、使用关联交易定向利益输送、通过“以前年度损益调整”进行会计差错更正等方式，以期实现长期非法占有国有资产和侵吞国家经济利益且不被他人察觉的目的（张蕊和陈剑洪，2013）。尽管不法高管费尽心思利用会计手法掩盖其贪污、受贿、侵占挪用国有资产和利益输送的行径，但是这些侵占型职务犯罪的痕迹将不可避免地遗留在人为炮制的单据、账簿等会计资料上。因此，政府审计人员可以将财务收支审计执行过程中发现的不良迹象作为揭露国企高管侵占型职务犯罪行为的切入点，按照《国有企业财务审计准则》规定，合理运用顺查、逆查、抽查、详查等基本查账技巧和复核、盘点、观察、查询、函证、计算等常规查账程序去审核地方国企的财务资料，作出财务信息是否真实、准确、合规、合法、有效的评价。具体而言，政府审计人员通常需要核对不同账目之间以及账目前后期之间的勾稽关系是否衔接，排查下列现象：白条抵库、搞“两本账”、私设“小金库”、库存物资实物数量和账存数量不相符、成本高于售价造成潜亏、将已实现的销售劳务收入或收取其他单位的回扣折让等隐匿在应付款或预收款账户不结转或账外运转、隐瞒和转移各种收入、截留利润。实践证明细致缜密的财务收支审计工作有助于高管侵占型职务犯罪案件的侦破。例如在原北京新禹水利水电工程公司总经理陆剑虚报冒领贪污案、原广东健力宝集团有限公司董事长张海伪造原始凭证的贪污挪用公款案、宁夏大古铁路有限责任公司原董事长孙殿华虚列工程支出的贪污案、原中国银行上海市分行行长刘金宝私分国有资产案、温州菜篮子集团董事长应国权受贿案等大案要案的侦破工作中，财务收支审计发挥了重要作用。财务收支审计使得贪污受贿、挪用公款等违法犯罪行为无处隐藏，可以有效瓦解潜在不法高管的侥幸心理。

二是任期经济责任审计可以揭示高管“权力运行”和“责任履行”的不良状况。任期经济责任审计具有鲜明的“人格化”特点（蔡春和陈晓媛，2007），较之财务收支审计更加强调确认和追究高管应承担的经济责任。政府审计人员紧抓“权力运行”和“责任履行”两条主线，审查和评价国有资产的保值增值情况、重大经济决策情况、企业内控制度情况、遵规守纪廉洁自律情况，从而给管理层打上一剂“预防针”，防止管理层滥用职权。具体而言，审查国有资产的保值增值情况包括：重点查明国有资产是否真实完整、是否增值；债权债务是否清楚，资金偿还能力是否增强；企业各项收入、成本费用是否据实及时入账，利润是否属实。审查国有资产的保值增值情况，可以将挪用和套取资金、隐匿和转移企业收入、资金资产在企业账外运转或无偿提供他人使用等以权谋私行为揭露出来。审查重大经济决策情况包括：关注企业重大对外投资项目的决策是否通过可行性论证，操作是否遵循市场化规则；企业对外提供重大经济担保事项方面的管理制度是否健全并有效执行；企业大额资金运作和大额采购等事项是否存在企业领导人擅自决定的问题。审查重大经济决策情况，可以预防由高管违规决策、专断决策、盲目决策所造成的国有资产重大损失，充分发挥审计的威慑力，促进高管守法守规。审查企业内控制度主要包括查明高管所在国企内部控制制度设置情况以及内部管理系统和内部会计系统是否健全并得到有效贯彻执行，该审查揭示了因制度不健全或监管不力造成的各种违法犯罪行为。审查企业内控制度可以提升内部控制质量，从而阻断高管实施侵占型职务犯罪的内在机会。而审查遵规守纪廉洁自律情况包括：重点查明国企领导人执行有关法律法规、财经纪律及遵守《国有企业领导人员廉洁从业若干规定》的情况，排查虚报资产、少计负债、多计成本、虚减利润等违法乱纪行为。管理层权力的运行受到经济责任审计的全面监督，以权谋私、假公济私、化公为私的行为都将使不法高管受到党纪国法的问责和追究。随着经济责任审计问责力度的加大，高管对于刑罚制裁、声誉损失、职业生涯甚至政治生涯终结的风险感知增强，实施侵占型职务犯罪的动机进而会被弱化。

三是专项跟踪审计在对特定事项进行全过程的动态连续调查中可以揭发高管侵占型职务犯罪行为。专项跟踪审计是政府审计机关对特定事项进行的专门审核和调查，即采取提前关注和全过程追踪的审计取证方式，前移审计关键点，是在某特定事项发生的前中后时期持续调查的动态审计。国企专项跟踪审计所针对的特定事项主要包括企业的重大资产重组、投资并购、整体或部分转让国有产权、大型工程的公开招标和邀请招标、大额物资采购和专项财政拨款使用等，这些特定事项是国企高管权力寻租和谋取私利的易发区域（周微等，2017）。政府审计机关基于对资产的被利用质量和组合增值质量、企业的经营状况和未来发展潜力等基本情况的了解，从权力寻租易发区域入手，密切关注业务活动流程背后的权力运行轨迹，深究资金往来和物资流通过程中的利益输送，洞察信息流转所映照的社会关系，将掌握的高管侵占型职务犯罪线索及时告知有关部门。涉及地方国企并购重组或转制事项时，政府审计人员重点关注并购、重组和改制前的资产是否得到如实评估，检查评估机构有无弄虚作假，是否存在随意高估、低估、漏估企业资产或负债的问题，关注长短期投资交易是否在金融市场公平透明竞价（张先治和蒋美华，2008），从而防止暗箱操作和国有资产流失。政府审计人员审查地方国企产权关系是否明晰，不同产权是否进行了全面登记，产权流转过程是否规范（何国成，2014），从而完善产权保护制度，维护国有资产安全。政府审计人员核查相关监督主体是否切实履行对地方国企的监督管理职责，迫使各级政府和国有资产监督管理委员会加强对国企领导人的监管工作，从而有效防止国企内部人和引进的投资者合谋侵吞国有资产。涉及大型工程公开招标和邀请招标事项时，政府审计人员会对项目建设筹划、招标投标合同签订、施工过程中涉及合同价款之外责任事件的签认证明、隐蔽工程验收、设计文件的修改完善和优化、资金使用的控制和考核、工程完工价款结算和决算等环节进行重点审计，将虚假招标、串通投标、串通评标、人为提高工程预算造价诈骗工程款等不法行为公之于众。涉及大额物资采购事项时，政府审计人员重点关注采购程序是否合理合规和公开透明，发现高价买进低价卖出和高管独断专行干预正常工程管理等问题。涉及专项财政拨款使用事项时，政府审计人员对专门指定用途或特殊用途的资金实施从上至下的流程跟踪，依据预算、拨款、使用的顺流线路洞悉专项资金流向的各个环节，判断专项资金是否按照规定用途使用和单独反映，落实专项资金使用到位和合规，有效避免专项资金被挤占挪用。专项跟踪审计能及时发现并纠正问题，克服财务收支审计和经济责任审计的滞后性缺陷，最大限度地发挥震慑作用，削弱高管利用职权侵占国有资产的动机。

可见，财务收支审计、任期经济责任审计和专项跟踪审计使得所有国有资产、国有资源都处于政府审计的监督管理范围之内，有效发挥政府审计的揭露功能可以增大侵占型职务犯罪行为曝光的可能性，从心理层面强化高管的寻租风险意识，进而抑制管理层权力寻租的动机。

（2）政府审计具备惩处功能，能够强化高管的寻租风险意识和削弱管理层权力寻租的动机。政府审计的惩处功能体现在审计机关根据《审计法》将地方国企高管的职务犯罪线索提供和移送有关部门，使不法高管受到党纪政纪处分和刑罚处罚。政府审计的惩处功能是强化高管的寻租风险意识和削弱管理层权力寻租动机的第二道防线。

《审计法》第三十一条至三十六条以及《审计法实施条例》第二十八条至三十三条对政府审计机关的审计权限进行了规定，详细阐述了政府审计人员在审计项目执行过程中调查取证、处理处罚、审计结果公布的各项权力，其中包括资料要求权、资料资产查验权、遏制违规行为权、告知暂缓调拨权、责令中止运用权、主张纠正权、案件移交权、审计结果告示权等。高管侵占型职务犯罪是高管违反《公司法》《证券法》等经济管理法律法规的行为，此类案件处理已经超出了《审计法》赋予政府审计机关的行政处理处罚权范围，然而政府审计机关可以将案件线索转交纪检监察部门或司法机关进行侦查和审判，等待案件最终判决之后再将审计结果正式公开宣告。可见，政府审计对犯罪嫌疑人有间接的惩处功能。2000 年，《最高人民检察院、审计署关于建立案件移送和加强工作协作配合制度的通知》和《审计署、公安部关于建立案件移送制度和加强工作协作配合的通知》的出台象征着经济犯罪案件移送协调会商机制在我国正式建立起来。2003 年，《中共中央纪委、监察部、审计署关于纪检监察机关和审计机关在查处案件中加强协作配合的通知》的出台进一步推动了审计机关与纪检监察机关在国企高管侵占型职务犯罪治理过程中的协调和配合。当事项处理超出职责和权力边界需要办理移交时，政府审计机关将依照法律视具体情况进行相应处理。若地方国企高管涉嫌经济犯罪，事项将移交公安机关或检察机关查明情况。若地方国企高管没有涉嫌经济犯罪但是不遵守党的纪律和行政纪律，事项将移交党的纪律检查机关和政府的监察部门查办。应该由上一级别的管理部门、监督部门或地方各级人民政府进行查办的其他问题将移交相关部门或政府处理。为了增进审计证据在纪律处分和刑事诉讼中的可采性，政府审计机关会与相关部门充分商议，然后移交待处理的事项，并且经常关注和问询已移交案件的处理进度，必要的时候提供专业支持，补充欠缺的证据。而对于移送部门没有及时查处的案件，政府审计机关会及时与移送部门沟通情况，促进案件的查处，使得审计移送处理的效果性得到充分体现。

政府审计机关在治理地方国企高管侵占型职务犯罪的过程中承担了侦察任务，是党的纪律检查机关以及政府的监察部门和司法机关获得真实可信线索的来源。通过协调配合和信息共享，政府审计机关与其他监督部门共同打击地方国企高管侵占型职务犯罪行为。涉案高管不仅会受到党纪处分（“双规”等）、行政处分(撤职等)，还会受到法律的严惩。政府审计惩处功能的发挥将给潜在不法高管造成“伸手必被捉”的巨大心理压力，从而强化高管的寻租风险意识和削弱管理层权力寻租的动机。

4.2.2 压缩管理层权力的内部寻租空间

政府审计善于查找规章制度方面的漏洞和问题，对国企内部控制质量缺陷能够发挥出良好的修复功效（蔡利和马可哪吶，2014)。通过检查内部控制制度是否建立健全以及是否得到有效执行，提出使管理过程合乎规范以及防备管理层违法乱纪的建议和措施，政府审计可以推动地方国企优化管理制度，修补管理漏洞，压缩管理层权力的内部寻租空间。

《中华人民共和国国家审计准则》（审计署令第 8 号）第六十条规定审计人员要从内部控制了解被审计单位以及相关情况，第六十一条细化说明审计人员需从五要素方面认识内部控制的设计和执行效果。为了减少发表不恰当审计意见的可能性和促进审计工作效率，审计机关在执行财务收支审计时会对被审计单位内部控制的设计情况进行探询和调查。而在经济责任审计中，内部控制同样是审计内容的重要组成部分（池国华等，2019）。可以说，政府审计直接关注并改善了国企内部控制设计和运行的有效性（褚剑和方军雄，2018）。从内部控制的五要素来分析，政府审计可以对控制环境、风险评估、信息系统和沟通、控制活动以及内部监督产生积极影响。

首先，政府审计可以提高地方国企的内部控制环境质量。2014 年，《党政主要领导干部和国有企业领导人员经济责任审计规定实施细则》出台，该细则条文多处说明经济责任审计需要高度关注企业法定代表人、董事长、总经理和党委书记等企业领导人的受托责任履行情况，其中包括：完善并有效运行由股东大会、董事会、监事会、经理层所构成的治理结构；恪守节俭朴素、抵制铺张浪费和过度公务消费；担负党风廉政建设主要责任人使命；遵守廉洁从业行为规范。上述条文所涉及的内容与内部控制制度中的内控环境密切相关。通过关注和提倡良好的公司治理结构以及清正廉明的企业文化，政府审计能够有效改善地方国企的控制环境，预防企业内部可能形成的舞弊贪腐风气，从源头上防止高管将违法意念转化为违法行为。

其次，政府审计可以提高地方国企的风险评估质量。在政府审计介入下，地方国企不得不重视对于企业改制与股权转让、工程建设、土地买卖、资产价值认定等高风险环节的风险评估过程。以政府审计倒逼风险评估质量的改善，防止国有资产贱卖和侵占，从而有效防范高管违法乱纪和国有资产流失的风险。

再次，政府审计可以提高地方国企的控制活动质量。通过重点审查关键岗位轮岗制度是否健全和贯彻执行，政府审计对高管利用职权安排亲信在人事任免、财务运作、物资采购、工程招标等关键领域和环节任职进行约束，从而避免岗位固化形成利益链条。为了进一步制约“一把手”权力，政府审计还将特别关注企业控制活动的薄弱之处，仔细核查财务票据的真实性和支出项目的必要性以及大额支出、重大签约等事项集体决策的书面签字证据，审查重大事项各环节职能的授权和岗位分离情况。

此外，政府审计可以提高地方国企的信息系统和沟通的质量。通过巧妙运用顺查、逆查、抽查、详查等查账技巧以及复核、盘点、观察、查询、函证、计算等查账程序，政府审计对地方国企的账目、报表等会计资料及其已发生的财务收支活动进行审查和评价，增强财务信息系统的可靠性。增强信息系统（尤其是财务报告信息系统）的可靠性能够有效缓解信息不对称和由此引发的包括高管侵占型职务犯罪在内的代理问题。由于拥有法律法规赋予的信息获取权、信息披露权和督促整改权，政府审计的介入可以弥补内部信息沟通质量的不足（池国华等，2019），更好地抑制高管以权谋私的机会主义行为。

最后，政府审计可以提高地方国企的内部监督质量。早在1994年，我国《审计法》就规定了政府审计有责任和权力对国有企业的内部审计机构进行专业工作的指示、引导、督促和管理。通过组织领导、制度建设、平台沟通、宣传引导、交流培训、理论创新、示范引领等方式，政府审计对内部审计的实践工作进行指导和监督，不仅提升了内部审计的专业水准，而且也在一定程度上弥补了内部审计独立性不足的问题，从而提高了内部监督质量。

总之，政府审计通过关注地方国企内部控制的建立和运行情况，发现企业内部管理方面的漏洞并提出完善建议，可以提升内部控制质量，从企业内部压缩管理层权力寻租的空间，减少管理层权力诱发高管侵占型职务犯罪的内部机会，从而有效防止权力滥用和失控所导致的高管侵占型职务犯罪。

4.2.3 减少高管侵占型职务犯罪的外部机会

我国的国企改革是一个放权让利和管理层权力增强的过程。随着放权改革的不断深入，地方国企面临更多的管理层权力寻租风险。管理层权力的外部制约方式越有效，外部环境就越不利于高管实施侵占型职务犯罪，而犯罪机会的减少可以阻止意欲犯罪的动机转化为实际犯罪行为。现行体制下，管理层权力的外部制约方式包括人大监督、舆论监督、司法监督、政府审计等。通过对众多外部制约方式的对比，本书发现政府审计同时具备长效性、独立性、专业性的特点（李坤，2012），可以成为制约管理层权力的重要手段和减少地方国企高管侵占型职务犯罪所需外部机会的重要方式。

（1）政府审计在制约管理层权力方面具有长效性。法律法规的权威规定以及我国中央机构和最高领导人的密切关注确保了政府审计制度长期以来得到贯彻执行，使得政府审计能够高效地制约管理层权力，从而减少了地方国企高管侵占型职务犯罪所需的外部机会。

《审计法》第二十条明确指出，审计机关依法审核和检查国有企业的资产、负债和损益。《审计法》第二十二条和《审计法实施条例》第十九条将国有企业审计所要考查的客体限定为国有资本掌握生产经营活动的控制权或者主导权的企业，包括国有资本占企业资本（股本）总额的比例超过50%以及国有资本占企业资本（股本）总额的比例在50%以下但国有资本投资主体拥有实际控制权的所有企业。地方国企和国有资本审计是《宪法》《审计法》《审计法实施条例》等法律法规赋予地方审计机关的使命和责任，属于国企深层次改革进程中加强内部整顿、倡导廉政建设、降低经营风险、防范国有资产流失的核心力量（彭华彰和刘誉泽，2010）。党的十八届四中全会《决定》《国民经济和社会发展第十三个五年规划纲要》《深化国有企业改革的指导意见》《完善审计制度若干重大问题的框架意见及相关配套文件》《深化国有企业和国有资本审计监督的若干意见》《加强审计工作的意见》等党和政府文件对政府审计工作提出了下列要求：对公共资金、国有资产、国有资源和领导干部履行经济责任情况实行审计全覆盖；形成和完善国有企业经常性审计制度，使审计活动规范化、系统化和常态化①。2018 年，党的十九届三中全会提出要加强和优化党对政府审计工作的指示和引导，成立中央审计委员会，整顿、协调、重新组合经济监督的资源和力量，进一步优化审计监督的效率和效果。同年 5 月，习近平总书记在主持召开中央审计委员会第一次会议时强调政府审计要做到“应审尽审、凡审必严、严肃问责”②。

显而易见，政府审计机关作为专门的监督部门，具备法律法规赋予的经济监督权，受到我国中央机构和最高领导人的高度重视，对地方国企、国有资本和企业高管开展各项政府审计工作是制约管理层权力和治理高管侵占型职务犯罪的长效方式，减少了高管侵占型职务犯罪的外部机会。

（2）政府审计在制约管理层权力方面具有独立性。政府审计机关拥有依法检查和监督的权力，在组织、权力、工作、经费方面保持高度的独立性，能够对地方国企的管理层权力形成有效制约。

---

① 审计署企业审计司主要负责人对国企审计重要性的解读。原文详见以下网址：http：//news. iqilu. com/china/gedi/2017/0331/3480452. shtml.

② 详见央视网：http：//opinion. people. com. cn/n1/2018/0524/c1003 – 30011292. html.

政府审计在组织方面独立。《宪法》和《审计法》是政府审计保持组织独立的立法保障和司法保障。《宪法》第九十一条规定，审计机关根据法律规定独立执行检查监督权，不会受到国家行政职能部门、企业事业单位、非营利组织和个人的阻挠和干预。《审计法》第十五条规定，审计人员执行职务受到法律的维护和保障，不允许任何单位和部门、企业和组织、社会团体和个人去抗拒、反对、妨碍审计人员执行职务。上述法律规定表明，政府审计机关及其审计人员没有对地方国企经济活动进行组织、调节和管理的职责，工作活动不包括参与地方国企日常经营管理，与企业和高管不存在经济利害关系，地位超脱（余玉苗，2001）。

政府审计在权力行使方面独立。审计机关和人员拥有的审计权是一项依靠自身力量的权力，并不依赖和从属其他权力，该权力在国家根本大法与强制力规范体系规定的范围内有效运行，不受立法权、行政权与司法权等其他权力的干扰和妨碍（胡贵安，2010）。权力的独立运行使地方审计机关审计国企和企业高管的时候能够进行更为彻底的核查和获取更加充分的审计证据。

政府审计在工作方面独立。政府审计人员依据《宪法》《审计法》《审计法实施条例》等法律法规开展审计工作，在对审计步骤、审计范围、审计内容、审计方式、审计人员安排拟定相关审计方案的时候，搜集审计证据和评价审计证据的时候，发表审计意见和出具审计处理处罚决定书的时候，审计人员都将保持独立性，不受各级政府部门、国有资产监督管理委员会、国有资产经营机构、地方国企及管理层的干扰和妨碍（和秀星和曹严礼，2012）。

政府审计在经费方面独立。根据《审计法》的要求，政府审计机关为完成工作任务所需要的经常性支出被纳入政府年度财政收支计划，避免出现企业承担审计费用的情况。经费独立阻断了审计机关和地方国企之间产生经济利益的牵扯，可以有效保障地方审计机关在形式上和实质上的独立性，从而提升了审计质量。通过查阅各省、自治区、直辖市等地的审计机关业务收入数据，本书发现近年来各地的审计经费总量有大幅度的增长，基层审计机关业务得到了较为充足的财政支持。以江西省审计厅为例，2015—2017 年用于一般公共服务支出中的审计业务经费收入分别为 240 万元、571.4 万元和 859 万元[①]，经费逐年攀升，并且历年年末均有财政拨款节余，不存在审计经费短缺的现象，说明审计经费有所保障。

（3）政府审计在制约管理层权力方面具有专业性。针对国企、国有资本和国企高管发起的政府审计项目，在审计方式、审计内容和审计方法上体现出很强的专业性，能够对地方国企的管理层权力形成有效制约。

在审计方式上，政府审计机关采取逐步分解式审计，安排（专项）审计调查任务。从企业总体情况出发，将地方国企的经济活动划分为生产经营、财务管理、投资管理及改制重组等关键环节，然后对关键环节中的大宗商品采购、产品销售、技术改造和升级、海外投资合作、关联交易、借款担保、股权变动交易和资产处置等高管侵占型职务犯罪高发区域予以高度关注，突出审计重点。在审计内容上，政府审计人员紧扣“对事”“对人”两条审计线索（彭韶兵和周兵，2009）。一方面，加强地方国企财务收支审计，并对重组并购、海外投资、大额采购等重大事项实行专项跟踪审计，关注国企的财务收支、资产负债损益以及国有资本保值增值等情况。另一方面，以地方国企高管的责任履行为中心，将企业重大的生产决策、销售决策、人事决策和财务决策作为突

① 数据来源于 http：//www.jxaudit.gov.cn/jgzn_1/czzj/index.htm.

破口，重点考察企业决策的流程和方法，查找决策不符合“三重一大”① 程序要求的问题，强化经济责任审计，揭示高管“权力运行”和“责任履行”的不良状况。在审计方法上，政府审计人员不仅可以运用文件资料阅读审查法、对照检查法、问询调查法、对比分析法、账务流程正查法、账务流程倒查法、精细审计法、抽样审计法、数量清点法、增减调节法、感知观察法等传统手工查账方法，而且可以运用内部控制测试、统计取样、计算机辅助审计、平行模拟法等现代审计技术和方法。以手工查账和内部控制测试为例，针对在财务收支审计中查明的违法乱纪问题，政府审计人员不会简单孤立地就财务论数字，会深挖内部控制制度方面的漏洞，找出企业管理的薄弱区域，提出相应的内控改进建议，有效避免再次出现高管以权谋私的情况。

因此，基于法律法规的权威规定以及我国中央机构和最高领袖高度重视所保障的审计长效性，政府审计机关在组织、权力、工作、经费方面的超然独立性以及在审计方式、审计内容和审计方法上体现出的专业性，政府审计加强了地方国企高管的外部监管环境，减少了侵占型职务犯罪所需的外部机会，是制约管理层权力的重要机制。

综上分析，如图4－5所示，通过强化高管的寻租风险意识，政府审计可以削弱管理层权力寻租的动机；通过提升内部控制质量，政府审计可以压缩管理层权力的内部寻租空间（即内部机会）；通过加强外部监管环境，政府审计可以减少高管侵占型职务犯罪的外部机会。政府审计是一种监督和制约机制，并非激励机制，故不能对高管实施侵占型职务犯罪的借口产生瓦解作用。但

① 三重一大指“三重一大”制度，即：重大事项决策、重要干部任免、重要项目安排、大额资金的使用，必须经集体讨论作出决定的制度，最早源于1996年第十四届中央纪委第六次全会公报对党员领导干部在政治纪律方面提出的第二条纪律要求。

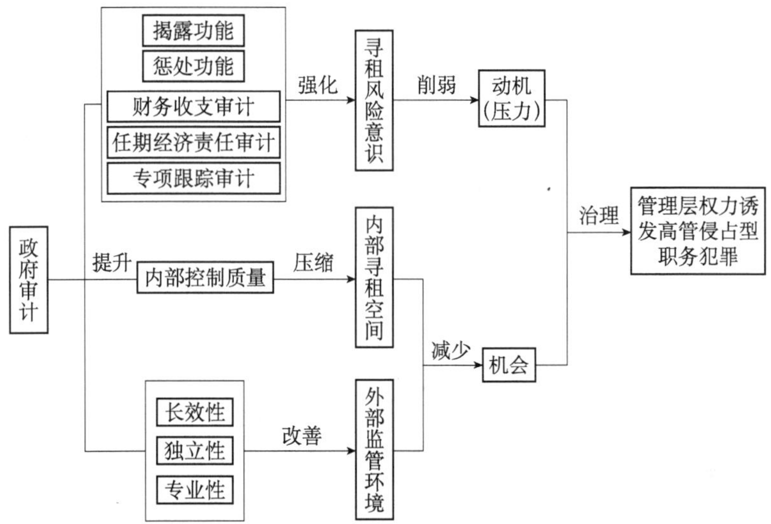

图4－5 政府审计对管理层权力诱发高管侵占型职务犯罪的治理路径

是，政府审计从管理层权力诱发高管侵占型职务犯罪的路径之源头出发，着力于管理层权力寻租的动机和机会，从而能够有效降低管理层权力诱发高管侵占型职务犯罪的可能性。

4.3 本章小结

本章的重点是从理论层面分析管理层权力如何诱发高管侵占型职务犯罪，以及政府审计能否对管理层权力所诱发的高管侵占型职务犯罪产生治理效应。通过机理分析，本书认为：第一，全民所有权虚置和委托代理链条多层级使我国地方国企的实际控制权集聚在管理层手中，在动机（压力）、机会和借口三方面因素依次作用下，管理层权力引发了高管实施侵占型职务犯罪这种权力寻租和利益攫取行为。管理层权力是促使地方国企高管实施侵占型职务犯罪活动的动机（压力）来源，激发高管积极寻找或主动创造实施侵占型职务犯罪的机会，导致剩余控制权和剩余索取权不对等成为高管实施侵占型职务犯罪的借口。其中，从单一路径来看，在权力所形成的财富趋近压力状态下，地方国企高管盲目关注侵占型职务犯罪活动所产生的收益，低估潜在声誉风险和牢狱风险，压力膨胀使高管实施侵占型职务犯罪的风险意识弱化，将财富需求转化为实际犯罪行为的动机形成。通过风险意识的作用，管理层性别差异和地区官员腐败程度对高管侵占型职务犯罪动机的形成产生了一定的影响。地方国企内外部监督不到位导致监管环境薄弱，为高管实施侵占型职务犯罪提供了有利的客观环境，高管进而可以利用权力干扰内部控制质量和任意支配自由现金流的使用，在企业内部主动创造寻租空间，形成实施侵占型职务犯罪的机会。管理层权力强化了地方国企高管的自尊意识，进而导致薪酬期望提高，而当高管的薪酬期望无法得到满足时，剩余控制权和剩余索取权不对等成为高管实施侵占型职务犯罪的借口。而内外部薪酬差距会进一步影响高管对于个人薪酬期望是否得到满足的评价，促使高管实施侵占型职务犯罪借口的形成。从管理层权力诱发高管侵占型职务犯罪的整体路径来看，首先，权力导致动机（压力）形成，其次，高管为了释放压力进而寻找或创造机会，最后，构思貌似合理化的借口。动机（压力）、机会和借口呈现出递进式影响高管“理性”决策是否实施侵占型职务犯罪。第二，作为一种监督和制约机制，政府审计从管理层权力诱发高管侵占型职务犯罪路径的源头出发，着力于管理层权力寻租的动机和机会，对管理层权力诱发高管侵占型职务犯罪产生治理作用。其中，财务收支审计、任期经济责任审计和专项跟踪审计使所有国有资产、国有资源都在政府审计监督之下，政府审计揭露功能的发挥可以增大侵占型职务犯罪行为曝光的可能性，而政府审计惩处功能的发挥将给潜在不法高管造成“伸手必被捉”的巨大心理压力，从而强化高管的寻租风险意识和削弱管理层权力寻租的动机。政府审计通过关注地方国企内部控制的建立和运行情况，发现企业内部管理方面的漏洞并提出完善建议，可以提升内部控制质量，从企业内部压缩管理层权力寻租的空间，有效防止权力滥用和失控所导致的高管侵占型职务犯罪。基于法律法规的权威规定、我国最高领袖的高度重视所保障的审计长效性，政府审计机关在组织、权力、工作、经费方面的超然独立性以及在审计方式、审计内容和审计方法上体现出的专业性，政府审计可以加强地方国企的外部监管环境，减少侵占型职务犯罪所需的外部机会。本章的机理分析为后续章节的实证研究奠定了基础。

第5章　管理层权力诱发高管侵占型职务犯罪的实证分析

基于前文4.1节的机理分析，本章将对管理层权力诱发高管侵占型职务犯罪进行实证检验。首先，运用Logit回归模型实证分析管理层权力与高管侵占型职务犯罪的关系，并分别从管理层性别差异、地区官员腐败程度方面进行管理层权力诱发高管侵占型职务犯罪的动机分析，从内部控制质量、自由现金流方面进行管理层权力诱发高管侵占型职务犯罪的机会分析，从薪酬差距方面进行管理层权力诱发高管侵占型职务犯罪的借口分析。其次，为深入考察管理层权力对高管侵占型职务犯罪的诱发作用，进一步从区分管理层权力的维度方面考察具体哪些维度的管理层权力诱发了高管侵占型职务犯罪，从区分高管侵占型职务犯罪的程度方面使用高管侵占型职务犯罪样本考察管理层权力与高管侵占型职务犯罪程度的关系。再次，从企业价值方面考察高管侵占型职务犯罪的经济后果。最后，进行稳健性测试。

5.1　理论分析和假设提出

5.1.1　管理层权力诱发高管侵占型职务犯罪的整体作用分析

全民所有权虚置和委托代理链条多层级使地方国有上市公司

的权力高度集聚在管理层手中，管理层权力成为寻租的力量源泉。张蕊和管考磊（2015）研究认为，管理层权力的膨胀会导致地方国企高管积极“设租”和“收租”，不法高管为了攫取“租金”而实施侵占型职务犯罪。管理层权力使不法高管同时具备了实施侵占型职务犯罪的压力、机会与借口这三个条件。权力导致压力（动机）增大，然后高管为了释放压力进而寻找或创造机会，最后构思貌似合理化的借口。

管理层权力是促使地方国企高管实施侵占型职务犯罪活动的压力（动机）来源。地方国企高管是企业实际控制权的拥有者，权力感知会使他们处于趋近财富的压力状态之下，趋近个人利益而非集体利益的动机加强（Torelli 和 Shavitt，2010）。高管的权力感越高，对财富的趋近压力越强烈（Anderson 等，2012），趋近倾向越明显（Smith 和 Bargh，2008）。财富趋近压力导致高管更加关注贪污和侵占行为带来的收益，低估或忽视潜在声誉风险和牢狱风险，风险感知更加乐观（Inesi，2010）。高管因贪欲产生一种“求而不得”的心理负担，压力累积进而诱使高管产生控制错觉以及高估自身掩盖犯罪行为和逃避惩罚的能力（Fast 等，2009）。

权力激发高管积极寻找或主动创造实施侵占型职务犯罪的机会。地方国企高管掌握了企业内部大部分资源配置的控制权，拥有利用国企的垄断地位和自身权力，在工程招揽、物资采购等方面进行权力寻租活动的天然机会（张军和王祺，2004）。随着权力膨胀和释放财富趋近压力的需求增加，高管会积极寻找或创造释放压力的机会。地方国企内外部监督不到位导致监管环境薄弱，这为高管实施侵占型职务犯罪提供了有利的客观环境，高管进而可以利用权力干扰内部控制质量和任意支配自由现金流的使用，在企业内部主动创造寻租空间，形成实施侵占型职务犯罪的机会。

权力促使剩余控制权和剩余索取权不对等成为高管实施侵占

型职务犯罪的借口。在面临压力和获得机会之后，地方国企高管会试图寻找貌似合理化的理由以求得心理安慰，使侵占型职务犯罪活动与其本人的道德观念、行为准则相统一（张蕊，2012）。管理层权力强化了地方国企高管的自尊意识，进而导致薪酬期望提高，而当高管的薪酬期望无法得到满足时，剩余控制权和剩余索取权不对等成为高管实施侵占型职务犯罪的借口。

基于以上分析，提出本章的假设5.1。

假设5.1：限定其他条件，管理层权力越大，地方国有上市公司发生高管侵占型职务犯罪的可能性越大。

5.1.2　管理层权力诱发高管侵占型职务犯罪的动机分析

基于性别认同理论，心理学研究探讨了性别对个人风险意识的影响，发现女性较为谨慎和保守（Zuckerman，1994；Gulamhussen等，2010）。现有管理学文献将心理学的研究成果应用到企业决策分析之中，研究结果表明企业任命女性CEO之后更倾向于选择保守的公司战略，缩减企业总体债务融资规模（彭中文和刘韬，2017），重视投资风险的分散化和控制投资水平（李世刚，2013），在投资决策中更倾向于选择风险小的项目（Stineroek等，1991），企业的经营风险和股价崩盘风险显著降低（Martin等，2009），盈余波动幅度更小，盈余管理程度更低（Srinidhi等，2011），女性CEO的风险规避特征在金融危机时期尤其明显（祝继高等，2012），CFO发生变更后采取了更加稳健的会计报告策略（Francis等，2014），企业发生财务报告重述的概率更低（Abbott等，2012），财务舞弊行为更少（周泽将等，2016），企业拥有女性高管以及女性高管比例高对企业的信息披露违规具有显著的抑制作用（路军，2015）。

上述研究皆说明，相较于男性高管，女性高管的风险厌恶程度更高，更倾向于避免实施冒险和投机行为，在决策过程中呈现风险规避的特征。而侵占型职务犯罪行为若“东窗事发”，会给涉案高管带来声誉损失和牢狱之灾，显然是一种明显的冒险和投机行为。即使侵占型职务犯罪能给自身带来较高收益，女性高管也不愿意承担“身败名裂”和“身陷囹圄”的风险，实施侵占型职务犯罪的动机不强。女性高管占比低会从动机方面强化管理层权力对高管侵占型职务犯罪的诱发作用。基于以上分析，提出本章的假设 5.2。

假设 5.2：限定其他条件，女性高管占比越小，管理层权力诱发高管侵占型职务犯罪的可能性越大。

依据社会心理学理论，腐败等以权谋私犯罪行为具有明显的示范效应。腐败现象的泛滥可能本身就是当地偏好腐败的社会规范的直接表现，或者腐败现象的泛滥将会扭曲社会规范并塑造当地偏好腐败的社会规范（张玮倩和方军雄，2016）。当处于同一区域的官员腐败现象严重时，普遍存在的官员腐败活动将向地方国企高管传递以权谋私的违法犯罪行为具有高收益低风险的信号（陈刚，2013）。高管的犯罪风险意识弱化，在作出犯罪与否决策时所引发的压力和不安得到缓解，实施贪污、挪用国有资产等犯罪活动的动机增强，高管会欣然遵照不良社会规范行事。

而由于我国地方政府官员与国企高管之间存在复杂的政治关联，政企不分的政治网络加速了以权谋私行为的示范效应。不少地方国企高管或是基于行政渠道选拔任命，或是拥有在政府部门担任行政领导职务的经历，又或是通过当选人大代表或政协委员参政议政（巫景飞等，2008；Dong 和 Torgler，2012）。政治关联使地方国企高管容易与当地政府官员产生共鸣，前者在与后者交往和接触的过程中潜移默化地受到后者贪腐行为和意识的影响，学习、参照和仿效后者，实施侵占型职务犯罪活动牟取私利的动机得以强化。因此，地区官员腐败程度越高，从动机方面来看，管理层权力对高管侵占型职务犯罪的诱发作用越强。

基于以上分析，提出本章的假设5.3。

假设5.3：限定其他条件，地区官员腐败程度越高，管理层权力诱发高管侵占型职务犯罪的可能性越大。

5.1.3　管理层权力诱发高管侵占型职务犯罪的机会分析

杨德明和赵璨（2015）研究发现，内部控制质量会受到管理层意愿的影响。从已公布的高管侵占型职务犯罪案件来看，涉案企业的内部控制存在缺陷或执行不到位的问题（张蕊，2012）。作为一套内生于企业组织的自我约束与控制机制，内部控制多数情况下表现出对执行具体业务的工作人员的约束和控制，而对管理层权力的制约作用并不明显，管理层权力反而会使内部控制制度沦为代理问题的一部分（胡明霞等，2015）。管理层权力过于集中，会诱发“堑壕效应”。即为了便于实施和隐藏侵占型职务犯罪行为，高管不会好好建设内部控制制度（周美华等，2016），反而会凌驾于内部控制制度之上，制约或阻碍内部控制的有效运行（郭军和赵息，2016）。

此时，管理层权力衍化成为拓展收租空间的工具，高管积极主动地通过降低内部控制质量来创造牟取私利的内部便利条件。高管意图牟取私利，就不会在企业内部营造诚实守信和合乎道德的文化。“一把手负责制”仍然是多数国企采用的行政管理体制（胡明霞等，2015），这导致董事会参与公司治理的程度有限，从而进一步损害了内部控制环境质量（李育红，2011）。在管理层的绝对权威领导下，国企无法真正建立起针对高管利用内幕交易获取私利、非法占用公司资产、贪污受贿等侵占型职务犯罪这一风险的评估过程。在人事任免、财务运作、物资采购、工程招标等关键领域和环节，高管可利用职权安排“唯领导马首是瞻”的亲信任职，以达到自身权力不受他人掣肘的目的，或者直接越过内部控制，个人代替集体决策，使授权和审批制度流于形式。而为了避免贪污、挪用资产等侵占型职务犯罪实施后被他人发现，不法高管会利用各种会计方法掩盖罪行（张蕊，2011）。

管理层权力过大会导致内部控制形同虚设，而失效的内部控制就不可能对高管侵占型职务犯罪产生防止、发现和纠正作用。也即，高管可以通过权力降低内部控制的有效性，干扰内部控制质量，从而在企业内部主动创造寻租空间，形成实施侵占型职务犯罪的机会。

基于以上分析，提出本章的假设 5.4 和假设 5.5。

假设 5.4：限定其他条件，管理层权力越大，内部控制质量越低。

假设 5.5：限定其他条件，内部控制质量越低，管理层权力诱发高管侵占型职务犯罪的可能性越大。

自由现金流的代理成本理论认为，自由现金流的增加会加剧企业所有者和经营者之间的代理冲突，增加企业的代理成本（Jensen，1986）。自由现金流成为高管可以控制和支配的资源，从而带来高管自由裁量权的增长。在两权分离、利益不一致、信息不对称的情况下，自由裁量权的增长可能导致自由现金流的滥用，引发一系列的代理问题。例如，高管将自由现金流用于过度投资、低效收购和奢靡在职消费，甚至以贪污、挪用等方式侵占企业的现金资源（刘银国和张琛，2012；张亦春等，2015；张蕊和管考磊，2016）。自由现金流越多，从机会方面来看，管理层权力诱发高管侵占型职务犯罪的可能性越大。基于以上分析，提出本章的假设 5.6。

假设 5.6：限定其他条件，自由现金流越多，管理层权力诱发高管侵占型职务犯罪的可能性越大。

5.1.4 管理层权力诱发高管侵占型职务犯罪的借口分析

Hart 和 Moore（2008）认为，高管在关注自身薪酬水平的同时，还会留意与他人的薪酬差距。薪酬差距的大小被高管视为自我价值是否得到体现的参照基准。由于拥有企业的实际控制权，高管通常有着强烈的自尊意识，认为自己比他人更有价值、更重要（Rucker 等，2011）。一方面，高管将企业创造的财富都归功于自己的辛勤付出和英明领导，要求与业绩贡献相匹配的回报，增加自身薪酬与员工薪酬的差距。另一方面，膨胀的自尊意识会进一步滋生高管过度自信心理，认为自身的领导才能优于同行业其他企业的高管，期望获得高于行业水平的薪酬。倘若获得的报酬与普通员工或其他企业高管相比并不具备明显的优势，高管容易形成自我利益被侵蚀的消极心态，以薪酬差距较小为借口，实施贪污、受贿、挪用等侵占型职务犯罪（张蕊和管考磊，2016）。从借口方面来看，薪酬差距小容易强化管理层权力对高管侵占型职务犯罪的诱发作用。基于以上分析，提出本章的假设5.7。

假设5.7：限定其他条件，薪酬差距越小，管理层权力诱发高管侵占型职务犯罪的可能性越大。

5.2 变量定义与模型构建

5.2.1 变量定义

（1）管理层权力。管理层权力是管理层减少不确定性、压制不同意见、执行自身意愿的能力，是形成、影响或改变企业组织内部其他成员行为的影响力。此能力和影响力具有多面性和复杂性，且难以被直接观测，导致学术研究上通常从具有可观测性的权力基础（来源）或权力表现（结果）指标中选择管理层权力的代理变量。

目前关于管理层权力的替代指标比较多，主要有两职兼任（Fahlenbrdch，2009；权小锋等，2010；刘星等，2012）、高管是否内部董事（Cheng, S. J. 2008；胡明霞和干胜道，2015；周美华等，2016）、CEO 是否提名委员会成员（Wade 等，1990）、董事会成员结构（Otten 等，2008）、董事会规模（Morse 等，2011）、独立董事是否同时服务于两家以上的公司（Morse 等，2011）、高管持股比例（Jesen 和 Meckling，1976）、CEO 是否公司创始人（Cheng, S. J. 2008）、CEO 是否控股股东委派（胡明霞和干胜道，2015）、股权制衡度（Hu 和 Kumr，2004；卢馨等，2014）、机构投资者持股比例（Fahlenbrdch，2009）、金字塔控制链条长度（干胜道和胡明霞，2014；权小锋等，2010）、高管任职时间（Hambrick 和 Fukutomi，1991）、CEO 是否内部晋升（Pathan，2009）、CEO 是否在其他企业兼职（卢馨等，2014）、高管政治联系（刘星等，2012）、高管是否具有高学历和高职称（Bhagat 等，2010；刘星等，2012）、CEO 向心性（Bebchuk 等，2007；卢锐等，2007）、薪酬最高的前三位高管的薪酬均值（Bebchuk 等，2007；卢锐等，2007）等。结合研究需要，本书选择金字塔控制链条的长度、股权制衡度、两职兼任、高管是否内部董事、高管任职时间、高管学历情况合成管理层权力强度的综合指标。原因在于：一是指标具有代表性，通过搜集和整理涉及管理层权力衡量指标的文献，本书发现两职兼任、高管任职时间、股权制衡度、董事会成员结构和高管学历情况使用频数最多[①]；二是指标比较全面，涵盖了管

① 高管持股比例在外文文献中使用频数较多，但考虑到我国股权激励起步较晚，地方国有上市公司管理层股权总体水平偏低，本书并未选用该指标度量管理层权力。此外，由于我国国企高管的薪酬受到政府管制，本书未选用 CEO 向心性度量管理层权力。

理层权力的四个维度①；三是指标符合我国地方国有上市公司权力分配的特点，其中两职兼任体现了“一把手负责制”的行政管理体制和“官本位”文化的影响（胡明霞，2015），金字塔控制链条的长度刻画出政府执行放权让利的市场化改革背景下加快去政治化干预和提升管理层决策自由度的特征（权小锋等，2010），股权制衡度反映了我国地方国企产权关系模糊和国有股权代表主体在公司“虚置缺位”所导致的“内部人控制”现象（徐细雄和刘星，2013）。基于此，本书借鉴卢锐（2008）、干胜道和胡明霞（2014）、徐细雄和刘星（2013），在以上六个指标的基础上采用求和均值方法构建一个综合反映管理层权力的连续变量，该变量值越大，说明管理层权力越大。

（2）高管侵占型职务犯罪。其是指企业高管为追求个人经济利益，利用职务上的便利，通过贪污、受贿、挪用和侵占等方法中饱私囊、损害企业利益，应受到刑法处罚的犯罪行为，包括贪污罪、受贿罪、挪用公款罪、内幕交易罪、巨额财产来源不明罪、私分国有资产罪。高管包括总经理、总会计师、财务总监、主管各项事务的副总经理以及执行董事，而独立董事和监事不属于本书讨论的高管范畴。

（3）管理层性别差异。本书借鉴Angela（2008），使用女性高管占比度量管理层性别差异。若女性高管占比高于年度中位数，取值1，否则取值0。

（4）地区官员腐败程度。本书借鉴吴一平和芮萌（2010），使

① 本书度量管理层权力的六个指标之中，两职兼任和高管是否为董事会成员衡量结构权力，金字塔控制链条的长度和股权制衡度衡量所有权权力，高管任职时间衡量声望权力，高管是否具有高学历衡量专家权力。在进一步测试中，结构权力取两职兼任和高管是否为董事会成员的均值，所有权权力取金字塔控制链条的长度和股权制衡度的均值。

用人均地区腐败案例立案数[①]度量地区官员腐败程度。如果人均地区腐败案例立案数高于年度中位数，取值1，否则取值0。

（5）内部控制质量。根据我国《企业内部控制基本规范》，内部控制是指企业董事会、监事会、经理层和全体员工实施的过程，目的是合理保证企业经营合法合规、财务报告的可靠和经营的效率效果。内部控制的总体运行效果即为内部控制质量。本书采用迪博公司发布的内部控制信息披露指数作为内部控制质量的替代变量。

（6）自由现金流。其是指企业生产经营活动所产生的在满足了净现值大于零的所有项目所需资金之后的现金流量。参考刘银国和张琛（2012）的方法，自由现金流按照下列公式（5-1）计算得出。

自由现金流(FCF)=[(净利润+所得税费用+财务费用)×净利润/(净利润+所得税费用)+固定资产折旧、油气资产折旧、生产性生物资产折旧+无形资产摊销+长期待摊费用摊销-(流动资产-流动负债)本期变动额-投资活动产生的现金流量净额]/期末资产总额 （5-1）

（7）薪酬差距。根据比较对象的不同，本书将薪酬差距区分为外部薪酬差距（Wgap）和内部薪酬差距（Ngap）。外部薪酬差距是指管理层薪酬水平与行业平均薪酬水平的差距。参考黎文靖等（2014）的方法，外部薪酬差距按照下列公式（5-2）计算得出。若外部薪酬差距大于年度中位数，取值1，否则取

① 地区腐败案例立案数是指31个省、直辖市、自治区当年立案侦查的贪污受贿、挪用公款、巨额财产不明等职务犯罪的案件数量之和。此数据包含了地方国企高管侵占型职务犯罪案例，考虑到后者在数据中的占比很小，对研究结果不会产生实质影响，故本书在度量地区官员腐败程度时并未剔除地方国企高管侵占型职务犯罪案例的立案数。

值 0。

$$外部薪酬差距 = \frac{收入最高的前三位高管薪酬总额}{行业平均薪酬} \tag{5-2}$$

内部薪酬差距是指管理层平均薪酬水平与企业员工平均薪酬水平的差距。参考徐细雄和刘星（2013）的方法，内部薪酬差距按照下列公式（5－3）计算得出。若内部薪酬差距大于年度中位数，取值 1，否则取值 0。

$$内部薪酬差距 = \frac{收入最高的前三位高管薪酬总额/3}{\left(支付给职工的现金 + 应付职工薪酬 - 收入最高的前三位高管薪酬总额\right) / 员工总人数} \tag{5-3}$$

（8）控制变量。本书参考张蕊和管考磊（2016）、周美华等（2016）、胡明霞和干胜道（2015）等学者的研究，在检验模型中纳入其他一些影响高管侵占型职务犯罪的因素，包括公司规模（Size）、资产负债率（Lev）、业绩状况（Loss）、总资产收益率（ROA）、固定资产增长率（Fgrow）、营业收入增长率（Rgrow）、利润总额增长率（Pgrow）、在职消费（DC）、非债务税盾（Ndts）、经营性现金流（Ocf）、独立董事与上市公司工作地点一致性（Idsame）、监事会持股比例（Jshare）以及控制年度固定效应的年度虚拟变量和控制行业固定效应的行业虚拟变量。各变量定义详见表 5－1。

表 5－1　变量定义

变量类别	变量名称	变量符号	变量说明
被解释变量	高管侵占型职务犯罪	*Crime*	若本年度存在高管违反贪污罪、受贿罪、挪用公款罪、内幕交易罪、巨额财产来源不明罪或私分国有资产罪的情况，取值 1，否则取值 0

续表

<table>
<tr><th>变量类别</th><th>变量名称</th><th colspan="2">变量符号</th><th>变量说明</th></tr>
<tr><td rowspan="7">解释变量</td><td>管理层权力</td><td colspan="2">Power</td><td>下列指标的求和均值：（1）金字塔控制链条的长度（Layer），取值为金字塔控制链条的最长层级，如终极控制人直接控股上市公司，则层级数为 1，依此类推；（2）股权制衡度（Conver），公司第一大股东持股比例与第二大股东持股比例之比；（3）两职兼任（Duality），若 CEO 兼任董事长，取值 1，否则取值 0；（4）高管是否内部董事（MTB），若高管为董事会成员，取值 1，否则取值 0，然后整个高管团队取人均均值；（5）高管任职时间（Tenure），取值为高管团队人员的人均在任年限；（6）高管学历情况（Degree），中专及中专以下取值 1，大专取值 2，本科取值 3，硕士研究生取值 4，博士研究生取值 5，然后整个高管团队取人均均值</td></tr>
<tr><td>管理层性别差异</td><td colspan="2">Fper</td><td>若女性高管占比高于年度中位数，取值 1，否则取值 0</td></tr>
<tr><td>地区官员腐败程度</td><td colspan="2">Corru</td><td>人均地区腐败案例立案数度量地区官员腐败程度。如果人均地区腐败案例立案数高于年度中位数，取值 1，否则取值 0</td></tr>
<tr><td>内部控制质量</td><td colspan="2">IC</td><td>迪博公司发布的内部控制信息披露指数</td></tr>
<tr><td>自由现金流</td><td colspan="2">FCF</td><td>企业生产经营活动所产生的，在满足了净现值大于零的所有项目所需资金之后的现金流量</td></tr>
<tr><td rowspan="2">薪酬差距</td><td rowspan="2">Gap</td><td>Wgap</td><td>收入最高的前三位高管薪酬总额与地区行业平均薪酬之比</td></tr>
<tr><td>Ngap</td><td>高管平均薪酬与员工平均薪酬之比</td></tr>
<tr><td rowspan="4">控制变量</td><td>公司规模</td><td colspan="2">Size</td><td>公司资产总额的自然对数</td></tr>
<tr><td>资产负债率</td><td colspan="2">Lev</td><td>负债总额与资产总额之比</td></tr>
<tr><td>业绩状况</td><td colspan="2">Loss</td><td>经营亏损取值 1，否则取值 0</td></tr>
<tr><td>总资产收益率</td><td colspan="2">ROA</td><td>净利润与总资产之比</td></tr>
</table>

续表

变量类别	变量名称	变量符号	变量说明
控制变量	固定资产增长率	*Fgrow*	(固定资产净额本期期末值 - 固定资产净额上年同期期末值) /固定资产净额上年同期期末值
	营业收入增长率	*Rgrow*	(营业收入本年本期金额 - 营业收入上年同期金额) /营业收入上年同期金额
	利润总额增长率	*Pgrow*	(利润总额本年本期金额 - 利润总额上年同期金额) /利润总额上年同期金额
	在职消费	*DC*	管理费用与资产总额之比
	非债务税盾	*Ndts*	固定资产折旧与资产总额之比
	经营性现金流	*Ocf*	经营活动现金流与总资产之比
	独立董事与上市公司工作地点一致性	*Idsame*	会计专业的独立董事工作所在地与上市公司注册地相同，取值 0，否则取值 1
	监事会持股比例	*Jshare*	监事会持股数量与公司股本总数之比乘以 100①
	年度变量	*Year*	年度虚拟变量
	行业变量	*Ind*	行业虚拟变量

5.2.2　模型构建

为了验证假设 5.1，考察管理层权力诱发高管侵占型职务犯罪的整体作用，本书借鉴张蕊和管考磊（2016）、周美华等（2016）、胡明霞和干胜道（2015）等研究经验构建待检验的 Logit 回归模型 5 - 4。

$$Crime_{i,t} = \alpha_0 + \alpha_1 Power_{i,t} + \sum \alpha_{i+1} X + \varepsilon_{i,t} \qquad (5-4)$$

① 监事会持股数量与公司股本总数之比值太小，所以乘以 100，避免回归系数太大。

为了验证假设5.2和假设5.3，考察管理层性别差异和地区官员腐败程度对管理层权力诱发高管侵占型职务犯罪动机的影响，构建待检验的Logit回归模型5－5和模型5－6。

$$Crime_{i,t} = \alpha_0 + \alpha_1 Power_{i,t} + \alpha_2 Fper \times Power_{i,t} + \alpha_3 Fper + \sum \alpha_{i+1} X + \varepsilon_{i,t} \tag{5-5}$$

$$Crime_{i,t} = \alpha_0 + \alpha_1 Power_{i,t} + \alpha_2 Corru \times Power_{i,t} + \alpha_3 Corru + \sum \alpha_{i+1} X + \varepsilon_{i,t} \tag{5-6}$$

为了验证假设5.4、假设5.5和假设5.6，考察管理层权力对内部控制质量的影响以及内部控制质量和自由现金流对管理层权力诱发高管侵占型职务犯罪机会的影响，构建待检验的Logit回归模型5－7、模型5－8和模型5－9。

$$IC_{i,t} = \alpha_0 + \alpha_1 Power_{i,t} + \sum \alpha_{i+1} X + \varepsilon_{i,t} \tag{5-7}$$

$$Crime_{i,t} = \alpha_0 + \alpha_1 Power_{i,t} + \alpha_2 IC \times Power_{i,t} + \alpha_3 IC + \sum \alpha_{i+1} X + \varepsilon_{i,t} \tag{5-8}$$

$$Crime_{i,t} = \alpha_0 + \alpha_1 Power_{i,t} + \alpha_2 FCF \times Power_{i,t} + \alpha_3 FCF + \sum \alpha_{i+1} X + \varepsilon_{i,t} \tag{5-9}$$

为了验证假设5.7，考察薪酬差距对管理层权力诱发高管侵占型职务犯罪借口的影响，构建待检验的Logit回归模型5－10。

$$Crime_{i,t} = \alpha_0 + \alpha_1 Power_{i,t} + \alpha_2 Gap \times Power_{i,t} + \alpha_3 Gap + \sum \alpha_{i+1} X + \varepsilon_{i,t} \tag{5-10}$$

其中，*Crime* 表示高管侵占型职务犯罪，*Power* 表示管理层权力，*Fper* 表示管理层性别差异，*Corru* 表示地区官员腐败程度，*IC* 表示内部控制变量，*FCF* 表示自由现金流，*Gap* 表示薪酬差距，*X* 表示控制变量组合。

5.3 实证分析与结果描述

5.3.1 样本选择

本书选取2003年至2015年沪深两市的地方国有上市公司作为研究对象。选择2003年至2015年为样本期是基于数据可获取性的考虑，2003年之前的数据缺失严重，而由于《中国审计年鉴》发布存在滞后性，笔者采用手工收集方式仅获取了截至2015年底的政府审计省级面板数据，政府审计数据将在第六章使用。

高管侵占型职务犯罪信息通过手工搜集整理，具体方法如下：通过百度网进行“高管犯罪”“高管腐败”“高管贪污”“高管挪用”“高管双规”“高管被调查”等关键词检索，获取地方国有上市公司高管侵占型职务犯罪的媒体公开报道信息，然后根据媒体报道信息查阅上市公司公告和纪检司法机构公告，筛选出公开披露高管侵占型职务犯罪行为的地方国有上市公司和判定涉案年度①，确定高管侵占型职务犯罪的样本。本章采用的地区腐败案例立案数来源于《中国检察年鉴》，地区人口数来源于《中国统计年鉴》，内部控制指数来源于迪博（DIB）内部控制与风险管理数据库，其他数据均来源于国泰安（CSMAR）数据库和万得（Wind）数据库以及证监会披露的上市公司年度报告。

在原始样本基础上，按照以下顺序进行整理：（1）剔除金融类上市公司样本；（2）剔除当年发生了CEO变更的样本；（3）剔除数据缺失的样本。最终获得研究样本4943个观测值。本书参照

---

① 涉案年度是指高管侵占型职务犯罪行为发生的年度，并非该犯罪行为被曝光的年度。涉案年度的判定以中国裁判文书网的判决书为依据。

中国证券管理委员会《上市公司行业分类指引》进行行业分类，其中制造业采取二级行业分类，其他行业采取一级行业分类。表5－2列示了样本的行业分布状况，可以发现无论是全样本还是高管侵占型职务犯罪样本和非高管侵占型职务犯罪的分组样本中，制造业公司占比均较大，但从二级分类来看，样本在各行业分布较为均匀，这说明本书选取的样本较为合理并有一定的代表性。

本书主要运用 Excel 2007 和 Stata 13.0 分析软件进行数据处理和统计分析。为了减轻潜在异常值的影响，所有连续变量在1%和99%的水平上做了缩尾处理。

表5－2　　　　　　　　样本的行业分布

行业	全样本	百分比	高管侵占型职务犯罪样本	百分比	非高管侵占型职务犯罪样本	百分比
B 采掘业	222	4.49%	16	6.99%	206	4.37%
C 制造业	2592	52.44%	100	43.67%	2492	52.86%
——C1 纺织、服装、皮毛	447	9.04%	6	2.62%	441	9.36%
——C2 木材、家具	900	18.21%	45	19.65%	855	18.14%
——C3 造纸、印刷	1245	25.19%	49	21.40%	1196	25.37%
D 电力、煤气及水的生产和供应业	431	8.72%	27	11.79%	404	8.57%
E 建筑业	137	2.77%	3	1.31%	134	2.84%
F 交通运输、仓储业	591	11.96%	15	6.55%	576	12.22%
G 信息技术业	433	8.76%	28	12.23%	405	8.59%
K 社会服务业	455	9.20%	37	16.16%	418	8.87%
L 传播与文化产业	82	1.66%	3	1.31%	79	1.68%
合计	4943	100%	229	100%	4714	100%

5.3.2　描述性统计

表 5 - 3 列示了模型 5 - 1 各变量的描述性统计结果。从表中可以看出，被解释变量高管侵占型职务犯罪（*Crime*）的均值为 0.046，标准差为 0.210，最小值和最大值分别为 0 和 1，反映出发生并披露了高管侵占型职务犯罪的地方国有上市公司较少。解释变量管理层权力（*Power*）的均值为 6.328，标准差为 9.571，最小值和最大值分别为 1.006 和 64.928，这表明管理层权力的强度存在较大的差异。管理层性别差异（*Fper*）的均值为 0.492，地区官员腐败程度（*Corru*）的均值为 0.347，内部控制质量（*IC*）的均值是 0.509，自由现金流（*FCF*）的均值是 0.499，外部薪酬差距（*Wgap*）的均值是 0.423，内部薪酬差距（*Ngap*）的均值是 0.503。控制变量方面，样本公司的公司规模（*Size*）的均值为 22.118，资产负债率（*Lev*）的均值是 52.7%，经营亏损公司（*Loss*）占比为 10.2%，总资产收益率（*ROA*）的均值是 3.1%，固定资产增长率（*Fgrow*）的均值是 17.5%，营业收入增长率（*Rgrow*）的均值是 17.4%，利润总额增长率（*Pgrow*）的均值是 -25%，在职消费（*DC*）的均值是 0.079，非债务税盾（*Ndts*）的均值是 0.026，经营性现金流（*Ocf*）的均值是 0.052，50.1% 的公司注册地与会计专业的独立董事工作所在地相同（*Idsame*），监事会持股比例（*Jshare*）的均值是 0.013。

表 5 - 3　　　　描述性统计

Variable	N	Mean	Median	Std. Dev.	Min	Max
Crime	4943	0.046	0	0.210	0	1
Power	4943	6.328	3.151	9.571	1.006	64.928
Fper	4943	0.492	0	0.500	0	1

续表

Variable	N	Mean	Median	Std. Dev.	Min	Max
Corru	4943	0. 347	0	0. 476	0	1
IC	4943	0. 509	1	0. 500	0	1
FCF	4943	0. 499	0	0. 500	0	1
Wgap	4943	0. 423	0	0. 494	0	1
Ngap	4943	0. 503	1	0. 500	0	1
Size	4943	22. 118	21. 976	1. 165	19. 832	25. 178
Lev	4943	0. 527	0. 539	0. 191	0. 091	0. 963
Loss	4943	0. 102	0	0. 303	0	1
ROA	4943	0. 031	0. 029	0. 052	-0. 182	0. 180
Fgrow	4943	0. 175	0. 025	0. 582	-0. 654	4. 140
Rgrow	4943	0. 174	0. 112	0. 399	-0. 569	2. 499
Pgrow	4943	-0. 250	0. 109	4. 151	-27. 560	12. 008
DC	4943	0. 079	0. 065	0. 063	0. 007	0. 404
Ndts	4943	0. 026	0. 023	0. 018	0	0. 086
Ocf	4943	0. 052	0. 053	0. 076	-0. 186	0. 267
Idsame	4943	0. 501	1	0. 500	0	1
Jshare	4943	0. 013	0	0. 066	0	0. 550

表5-4报告了模型5-1中解释变量管理层权力（*Power*）的单变量分析结果。本书根据被解释变量高管侵占型职务犯罪（*Crime*）进行分组，对管理层权力进行均值差异t检验和中位数 Chi^2 检验。从该表可以看出，管理层权力的均值差异和中位数差异都在1%的置信水平上显著，高管侵占型职务犯罪样本中的管理层权力显著较大。

表5-4 管理层权力单变量分析结果

Variable	Group	N	Mean	Median	MeanDiff	MedDiff
Power	*Crime* = 0	4714	6.111	3.123	-4.688***	-1.923***
	Crime = 1	229	10.799	5.046	(-7.276)	(8.485)

注：***、**和*分别代表在0.01、0.05和0.1的水平上的显著性（双尾）。均值检验采用双样本t检验，括号内列示的为t统计量。中位数检验采用双样本Chi^2检验，括号内列示的为Chi^2统计量。

5.3.3 相关性分析

表5-5为本章模型主要变量的Pearson和Spearman相关系数矩阵。该表显示出，管理层权力（*Power*）和高管侵占型职务犯罪（*Crime*）的相关系数在1%的水平上显著为正。地区官员腐败程度（*Corru*）和高管侵占型职务犯罪（*Crime*）的相关系数在1%的水平上显著为正。管理层权力（*Power*）和内部控制质量（*IC*）在5%的水平上显著为负。内部控制质量（*IC*）和高管侵占型职务犯罪（*Crime*）在5%的水平上显著为负。自由现金流（*FCF*）和高管侵占型职务犯罪（*Crime*）的相关系数在1%的水平上显著为正。就控制变量与高管侵占型职务犯罪（*Crime*）之间的相关性来看，公司规模（*Size*）、非债务税盾（*Ndts*）、经营性现金流（*Ocf*）与高管侵占型职务犯罪（*Crime*）显著正相关，说明公司规模越大、因计提除债务利息之外的其他费用而递延的税金越多、经营性现金流越充沛，地方国有上市公司发生高管侵占型职务犯罪的可能性越大。另外，在职消费（*DC*）、监事会持股比例（*Jshare*）和高管侵占型职务犯罪（*Crime*）显著负相关，表明在职消费水平越高，高管实施侵占型职务犯罪的动机越弱，而监事会持股比例越高，监事会成员对高管的监督力度越大，高管实施侵占型职务犯罪的机会越小。此外，上述控制变量与高管侵占型职务犯罪（*Crime*）的相关系数多数在1%的置信水平显著，一定程度上说明本书控制变量的选取具备一定的代表性。控制变量两两之间的相关系数基本都小于0.4，这说明本章模型不存在严重的多重共线性问题。

表 5－5 相关系数矩阵

变量	Crime	Power	Fper	Corru	IC	FCF	Wgap	Ngap	Size	Lev	Loss	ROA	Fgrow	Rgrow	Pgrow	DC	Ndts	Ocf	Idsame	Jshare
Crime	1	0.084 ***	-0.020	0.050 ***	-0.022 **	0.084 ***	-0.009	-0.021	0.089 ***	0.016	0.005	-0.024	-0.009	0.016	-0.013	-0.056 ***	0.036 *	0.046 **	0.004	-0.046 **
Power	0.103 ***	1	-0.050 ***	-0.008	-0.009 **	0.015	-0.024	-0.091 ***	0.049 ***	-0.059 ***	-0.026	-0.003	-0.029 *	-0.026	-0.028 *	-0.040 **	0.022	-0.017	-0.062 ***	-0.056 ***
Fper	-0.021	-0.039 **	1	-0.098 ***	0.005	-0.072 ***	0.060 ***	-0.025	-0.062 ***	-0.052 ***	-0.023	0.034 *	-0.022	-0.004	0.018	-0.001	-0.093 ***	-0.006	-0.121 ***	0.050 ***
Corru	0.050 ***	0.017	-0.098 ***	1	-0.071 ***	0.039 **	-0.045 **	-0.021	-0.029 *	0.097 ***	0.048 ***	-0.089 ***	0.042 **	0.033 *	-0.013	0.004	0.114 ***	-0.015	0.095 ***	-0.062 ***
IC	-0.022 **	-0.039 **	0.005	-0.071 ***	1	0.241 ***	0.010	0.098 ***	0.351 ***	-0.018	-0.257 ***	0.377 ***	0.098 ***	0.186 ***	0.183 ***	-0.200 ***	-0.022	0.189 ***	-0.029 *	0.034 *
FCF	0.084 ***	0.012	-0.072 ***	0.039 **	0.241 ***	1	-0.114 ***	0.113 ***	0.520 ***	0.074 ***	-0.101 ***	0.178 ***	0.276 ***	0.114 ***	-0.004	-0.170 ***	0.212 ***	0.260 ***	0.055 ***	0.009
Wgap	-0.009	-0.004	0.060 ***	-0.045 **	0.010	-0.114 ***	1	0.042 **	0.039 **	0.191 ***	-0.020	-0.054 ***	-0.039 **	-0.011	0.010	-0.075 ***	-0.357 ***	-0.122 ***	-0.061 ***	0.054 ***
Ngap	-0.021	-0.058 ***	-0.025	-0.021	0.098 ***	0.113 ***	0.042 **	1	0.100 ***	-0.017	-0.093 ***	0.106 ***	0.105 ***	0.069 ***	0.034 *	-0.005	0.042 **	0.066 ***	0.092 ***	0.067 ***
Size	0.086 ***	0.033 *	-0.074 ***	-0.038 **	0.341 ***	0.502 ***	0.046 **	0.102 ***	1	0.261 ***	-0.106 ***	0.112 ***	0.145 ***	0.050 ***	-0.018	-0.341 ***	-0.067 ***	0.053 ***	-0.020	-0.047 **
Lev	0.007	-0.038 *	-0.050 ***	0.100 ***	-0.024	0.072 ***	0.186 ***	-0.019	0.241 ***	1	0.211 ***	-0.442 ***	0.024	0.024	-0.044 **	-0.236 ***	-0.143 ***	-0.222 ***	0.016	-0.051 ***
Loss	0.005	0.005	-0.023	0.048 ***	-0.257 ***	-0.101 ***	-0.020	-0.093 ***	-0.1 ***	0.222 ***	1	-0.524 ***	-0.119 ***	-0.235 ***	-0.448 ***	0.157 ***	0.107 ***	-0.198 ***	0.031 *	-0.026
ROA	-0.014	-0.054 ***	0.011	-0.069 ***	0.334 ***	0.183 ***	-0.051 ***	0.107 ***	0.135 ***	-0.426 ***	-0.655 ***	1	0.141 ***	0.297 ***	0.396 ***	-0.092 ***	-0.028	0.405 ***	0.007	-0.014
Fgrow	0.005	-0.032 *	0.010	0.010	0.061 ***	0.160 ***	0.017	-0.002	0.072 ***	0.051 ***	-0.04 **	0.055 ***	1	0.244 ***	0.021	-0.070 ***	-0.02	0.061 ***	0.077 ***	0.008
Rgrow	0.017	-0.015	-0.009	0.033 *	0.116 ***	0.064 ***	-0.001	0.031 *	0.026	0.055 ***	-0.174 ***	0.203 ***	0.286 ***	1	0.401 ***	-0.206 ***	-0.015	0.154 ***	0.064 ***	0.01
Pgrow	0.001	-0.012	0.023	-0.031 *	0.169 ***	0.042 **	0.004	0.046 **	0.015	-0.11 ***	-0.591 ***	0.495 ***	0.047 ***	0.216 ***	1	-0.066 ***	-0.041 **	0.184 ***	-0.016	0.01
DC	-0.023	-0.022	-0.006	0.005	-0.191 ***	-0.192 ***	-0.051 ***	-0.041 **	-0.326 ***	-0.102 ***	0.244 ***	-0.224 ***	-0.041 **	-0.168 ***	-0.117 ***	1	0.075 ***	-0.034 *	-0.002	0.046 **

续表

变量	Crime	Power	Fper	Corru	IC	FCF	Wgap	Ngap	Size	Lev	Loss	ROA	Fgrow	Rgrow	Pgrow	DC	Ndts	Oef	Idsame	Jshare
Ndts	0.058 ***	0.047 **	-0.071 ***	0.098 ***	-0.018	0.200 ***	-0.318 ***	0.029 *	-0.057 ***	-0.111 ***	0.107 ***	-0.063 ***	-0.080 ***	-0.023	-0.077 ***	0.006	1	0.348 ***	0.087 ***	-0.002
Oef	0.049 ***	-0.016	-0.012	-0.009	0.169 ***	0.249 ***	-0.117 ***	0.0645 ***	0.034 *	-0.221 ***	-0.186 ***	0.373 ***	0.014	0.118 ***	0.127 ***	-0.104 ***	0.317 ***	1	0.043 **	0.014
Idsame	0.004	-0.008	-0.121 ***	0.095 ***	-0.029 *	0.055 ***	-0.061 ***	0.092 ***	-0.015	0.022	0.031 *	0.018	0.024	0.043 **	-0.037 **	-0.013	0.064 ***	0.057 ***	1	-0.025
Jshare	-0.034 *	-0.064 ***	0.014	-0.053 ***	0.018	-0.046 **	-0.001	0.070 ***	-0.078 ***	-0.120 ***	-0.033 *	0.101 ***	0.025	-0.002	0.013	0.016	-0.053 ***	0.032 *	0.059 ***	1

注：左下角为 Pearson 相关系数，右上角为 Spearman 相关系数。***、** 和 * 分别表示在 0.01、0.05 和 0.1 的水平上显著相关。

5.3.4 多元回归分析

表5-6列示了模型5-1的多元回归结果。如该表所示，管理层权力和高管侵占型职务犯罪的相关系数为0.028，在1%水平上显著为正。回归结果支持了本书的假设5.1，表明管理层权力会激发高管将实施侵占型职务犯罪的压力、机会和借口转化为实际的犯罪行为。

控制变量方面，回归系数的符号和显著性与已有研究基本一致。*Size* 的回归系数显著为正，表明公司规模越大，发生高管侵占型职务犯罪的可能性越大。*Lev* 的回归系数显著为负，表明企业资产负债率越高，债权人为了避免管理层的自利行为造成公司业绩下滑会相应地约束和监督管理层行为（Jensen，1986），高管侵占型职务犯罪的发生概率就越小。*ROA* 与高管侵占型职务犯罪显著负相关，说明企业的盈利能力和经营者的行为存在关联，高管出于机会主义动机采取权力寻租的方式谋取一己私利，对企业的盈利能力产生了破坏作用（张蕊和管考磊，2015）。*Ndts* 和 *Ocf* 皆与高管侵占型职务犯罪显著正相关，原因可能在于计提除债务利息之外的其他费用而递延的税金越多以及经营性现金流愈充沛，可供高管控制和支配的现金资源就越多，从而为高管实施侵占型职务犯罪提供了机会（张蕊和管考磊，2016）。Jshare 的回归系数显著为负，表明监事会持股比例越高，高管实施侵占型职务犯罪的概率越低，这是由于监事持股有利于提高其监督积极性（薛祖云和黄彤，2004），进而抑制高管的自利行为。

表5-6　管理层权力诱发高管侵占型职务犯罪的整体作用分析

变量	模型5-1	
	系数	z值
Power	0.028***	6.303

续表

变量	模型5-1	
	系数	z值
Size	0.505***	6.948
Lev	-1.091**	-2.078
Loss	-0.013	-0.034
ROA	-8.151***	-3.499
Fgrow	-0.005	-0.041
Rgrow	0.097	0.555
Pgrow	0.028	1.390
DC	-0.387	-0.240
Ndts	10.015**	2.236
Ocf	3.518***	2.784
Idsame	0.034	0.216
Jshare	-6.672**	-2.461
Constant	-13.787***	-8.283
年度	控制	
行业	控制	
Pseudo R^2	0.095	
N	4943	

注：***、**、*分别代表0.01、0.05和0.1水平上的显著性（双尾）。z值均经过robust调整。

表5-7列示了模型5-2和模型5-3的多元回归结果。如该表所示，以女性高管占比（Fper）度量管理层性别差异，Fper×Power的回归系数在10%的水平上显著为负，回归结果支持了本书的假设5.2。研究结果表明，女性高管利用权力实施侵占型职务犯罪的可能性比男性高管更低，由于女性具备风险规避特征，女性高管占比低会从动机方面强化管理层权力对高管侵占型职务犯罪的诱发作用。以人均地区腐败案例立案数度量地区官员腐败程度，Corru×Power的回归系数在5%水平上显著为正，回归结果支持了

本书的假设 5. 3。研究结果表明，地区官员腐败程度越高，管理层权力诱发高管侵占型职务犯罪的可能性越大，即地区官员腐败的严重化会从动机方面强化管理层权力对高管侵占型职务犯罪的诱发作用。

表 5－7　管理层权力诱发高管侵占型职务犯罪的动机分析

变量	模型 5－2		模型 5－3	
	系数	z 值	系数	z 值
Power	0. 037***	5. 817	0. 023***	4. 270
Fper × *Power*	－0. 016*	－1. 814		
Fper	0. 185	1. 140		
Corru × *Power*			0. 018**	2. 130
Corru			－0. 900***	－4. 508
Size	0. 505***	7. 055	0. 488***	6. 834
Lev	－1. 051**	－1. 976	－0. 817	－1. 545
Loss	0. 002	0. 004	－0. 039	－0. 103
ROA	－8. 005***	－3. 429	－8. 263***	－3. 548
Fgrow	－0. 001	－0. 007	－0. 007	－0. 052
Rgrow	0. 087	0. 493	0. 112	0. 644
Pgrow	0. 028	1. 359	0. 027	1. 379
DC	－0. 423	－0. 262	－0. 455	－0. 279
Ndts	9. 892**	2. 198	10. 556**	2. 396
Ocf	3. 640***	2. 880	3. 365***	2. 676
Idsame	0. 021	0. 132	0. 079	0. 503
Jshare	－6. 656**	－2. 454	－7. 055**	－2. 450
Constant	－13. 955***	－8. 421	－13. 041***	－7. 924
年度	控制		控制	
行业	控制		控制	
Pseudo R^2	0. 096		0. 106	
N	4943		4943	

注：***、**、* 分别代表 0. 01、0. 05 和 0. 1 水平上的显著性（双尾）。z 值均经过 robust 调整。

表 5－8 列示了模型 5－4、模型 5－5 和模型 5－6 的多元回归结果。如该表所示，*Power* 与 *IC* 的回归系数在 10% 水平上显著为负，*IC*×*Power* 与 *Crime* 的回归系数在 5% 水平上显著为负，*FCF*×*Power* 与 *Crime* 的回归系数在 5% 水平上显著为正。回归结果支持了本书的假设 5.4、假设 5.5 和假设 5.6。研究结果表明，内部控制质量受到了管理层权力的消极影响，而内部控制质量低下会从机会方面强化管理层权力对高管侵占型职务犯罪的诱发作用。自由现金流越多，管理层权力诱发高管侵占型职务犯罪的可能性越大，即自由现金流量的增加会从机会方面强化管理层权力对高管侵占型职务犯罪的诱发作用。

表 5－8　管理层权力诱发高管侵占型职务犯罪的机会分析

变量	模型 5－4		模型 5－5		模型 5－6	
	系数	z 值	系数	z 值	系数	z 值
Power	－0.005*	－1.664	0.031***	5.485	0.025***	4.137
IC×*Power*			－0.008**	－2.535		
IC			－0.020	－0.104		
FCF×*Power*					0.019**	2.147
FCF					－0.704***	－3.283
Size	0.801***	19.208	0.520***	6.709	0.308***	4.646
Lev	0.381	1.605	－1.077**	－2.027	－0.823	－1.623
Loss	－0.666***	－3.320	－0.029	－0.077	－0.072	－0.205
ROA	15.697***	10.888	－7.998***	－3.385	－6.891***	－3.109
Fgrow	0.040	0.662	－0.005	－0.041	－0.050	－0.341
Rgrow	0.182*	1.830	0.098	0.560	0.287*	1.718
Pgrow	0.015	0.996	0.029	1.421	0.023	1.157
DC	－1.073	－1.439	－0.425	－0.262	0.119	0.072
Ndts	1.267	0.543	10.123**	2.258	7.355	1.615

续表

变量	模型 5 -4		模型 5 -5		模型 5 -6	
	系数	z 值	系数	z 值	系数	z 值
Ocf	1. 581 ***	2. 991	3. 578 ***	2. 802	3. 194 **	2. 403
Idsame	-0. 163 **	-2. 364	0. 031	0. 195	0. 010	0. 072
Jshare	0. 699	1. 398	-6. 662 **	-2. 440	-7. 519 **	-2. 367
Constant	-18. 946 ***	-19. 804	-14. 135 ***	-7. 989	-9. 759 ***	-6. 561
年度	控制		控制		控制	
行业	控制		控制		控制	
Pseudo R^2	0. 206		0. 098		0. 103	
N	4943		4943		4943	

注：***、**、* 分别代表 0. 01、0. 05 和 0. 1 水平上的显著性（双尾）。z 值均经过 robust 调整。

表 5 -9 列示了模型 5 -7 的多元回归结果。如该表所示，*Wgap* × *Power* 的回归系数在 1% 的水平上显著为负，*Ngap* × *Power* 的回归系数在 5% 的水平上显著为负。回归结果支持了本书的假设 5. 7。研究结果表明，无论是外部薪酬差距还是内部薪酬差距，薪酬差距越小会从借口方面强化管理层权力对高管侵占型职务犯罪的诱发作用。

表 5 -9　　管理层权力诱发高管侵占型职务犯罪的借口分析

变量	模型 5 -7			
	系数	z 值	系数	z 值
Power	0. 041 ***	7. 238	0. 035 ***	5. 992
Wgap × *Power*	-0. 026 ***	-2. 928		
Wgap	-0. 231	-0. 711		
Ngap × *Power*			-0. 017 **	-2. 174
Ngap			-0. 116 ***	-5. 914

续表

变量	模型 5 - 7			
	系数	z 值	系数	z 值
Size	0. 502 ***	6. 994	0. 547 ***	7. 237
Lev	-1. 059 **	-2. 020	-1. 049 **	-1. 963
Loss	0. 056	0. 149	-0. 021	-0. 056
ROA	-7. 766 ***	-3. 331	-7. 305 ***	-3. 173
Fgrow	-0. 003	-0. 022	-0. 012	-0. 094
Rgrow	0. 088	0. 503	0. 091	0. 527
Pgrow	0. 028	1. 420	0. 028	1. 424
DC	-0. 363	-0. 224	0. 001	0. 001
Ndts	9. 893 **	2. 225	11. 213 **	2. 437
Ocf	3. 692 ***	2. 942	3. 560 ***	2. 859
Idsame	0. 042	0. 270	0. 098	0. 620
Jshare	-6. 748 **	-2. 530	-5. 839 ***	-2. 582
Constant	-13. 724 ***	-8. 299	-14. 416 ***	-8. 491
年度	控制		控制	
行业	控制		控制	
Pseudo R^2	0. 100		0. 111	
N	4943		4943	

注：***、**、* 分别代表 0. 01、0. 05 和 0. 1 水平上的显著性（双尾）。z 值均经过 robust 调整。

5. 3. 5　进一步测试

通过前文的实证分析可知，管理层权力显著诱发了地方国有上市公司的高管侵占型职务犯罪行为。为深入考察这种诱发作用，本书从区分管理层权力的维度方面考察具体哪些维度的管理层权力诱发了高管侵占型职务犯罪，从区分高管侵占型职务犯罪的程度方面使用高管侵占型职务犯罪样本进一步考察管理层权力与高管侵占型职务犯罪程度的关系。此外，从企业价值方面考察高管侵占型职务犯罪的经济后果。

（1）区分管理层权力的维度。本书进一步研究了具体哪些维度的管理层权力诱发了高管侵占型职务犯罪。表5－10的第（1）列至第（4）列显示的是单个维度的管理层权力放入模型5－1进行多元回归的结果，第（5）列显示的是四个维度的管理层权力同时放入模型5－1进行多元回归的结果。如该表所示，结构权力（*Powerjg*）的回归系数在10%的水平上显著为正，所有权权力（*Powersy*）的回归系数在1%的水平上显著为正，声望权力（*Powersw*）的回归系数在1%的水平上显著为正，专家权力（*Powerzj*）的回归系数为正但不具有显著性。研究结果表明，管理层权力中的结构权力、所有权权力、声望权力更易诱发高管侵占型职务犯罪，而专家权力被用于生产经营活动的可能性要大于被用于侵占型职务犯罪活动。

表5－10　　区分管理层权力的维度

变量	(1) 模型5－1		(2) 模型5－1		(3) 模型5－1		(4) 模型5－1		(5) 模型5－1	
	系数	z值	系数	z值	系数	z值	系数	z值	系数	z值
Powerjg	0.391 *	1.784							0.411 *	1.791
Powersy			0.007 ***	5.212					0.007 ***	4.491
Powersw					0.163 ***	4.264			0.108 ***	2.686
Powerzj							0.014	0.152	0.006	0.067
Size	0.502 ***	7.042	0.503 ***	6.948	0.499 ***	7.038	0.503 ***	6.832	0.514 ***	6.903
Lev	−1.236 **	−2.408	−1.128 **	−2.164	−1.173 **	−2.240	−0.953 *	−1.756	−0.805	−1.433
Loss	−0.087	−0.228	−0.063	−0.168	−0.124	−0.328	−0.044	−0.116	0.025	0.066
ROA	−9.161 ***	−3.924	−8.437 ***	−3.617	−9.388 ***	−3.973	−8.852 ***	−3.604	−8.137 ***	−3.284

续表

变量	(1) 模型5-1		(2) 模型5-1		(3) 模型5-1		(4) 模型5-1		(5) 模型5-1	
	系数	z值	系数	z值	系数	z值	系数	z值	系数	z值
Fgrow	-0.026	-0.201	-0.016	-0.124	-0.033	-0.258	-0.026	-0.178	-0.035	-0.237
Rgrow	0.082	0.469	0.095	0.538	0.132	0.743	0.123	0.606	0.171	0.824
Pgrow	0.029	1.418	0.027	1.324	0.026	1.259	0.031	1.428	0.029	1.335
DC	-0.914	-0.555	-0.437	-0.271	-1.051	-0.668	-0.764	-0.438	-0.476	-0.281
Ndts	11.159 **	2.484	10.206 **	2.268	10.686 **	2.399	10.199 **	2.211	8.727 *	1.887
Ocf	3.439 ***	2.741	3.535 ***	2.804	3.331 ***	2.658	3.531 ***	2.676	3.552 ***	2.631
Idsame	0.045	0.293	0.023	0.146	0.056	0.363	0.021	0.132	0.010	0.063
Jshare	-8.201 **	-2.414	-7.066 **	-2.406	-9.060 **	-2.239	-8.857 **	-2.469	-9.663 **	-2.359
Constant	-13.221 ***	-8.097	-13.624 ***	-8.201	-13.256 ***	-8.260	-13.246 ***	-7.634	-13.966 ***	-8.011
年度	控制		控制		控制		控制		控制	
行业	控制		控制		控制		控制		控制	
Pseudo R^2	0.081		0.092		0.091		0.097		0.118	
N	4943		4943		4943		4943		4943	

注：***、**、* 分别代表0.01、0.05和0.1水平上的显著性（双尾）。z值均经过robust调整。

（2）高管侵占型职务犯罪的程度。本书使用高管侵占型职务犯罪样本进一步考察了管理层权力与高管侵占型职务犯罪程度的关系。分别以犯罪人数（Criminal）、犯罪罪名数（Critype）、犯罪金额（Criamount）度量高管侵占型职务犯罪程度，替换模型5-1的因变量后使用OLS回归模型进行多元回归分析。回归的结果列示于表5-11。

表5-11的第（1）列显示，管理层权力（*Power*）的回归系数在10%的水平上显著为正；第（2）列显示，管理层权力（*Power*）的回归系数为正，但不显著；第（3）列显示，管理层权力（*Power*）的回归系数在5%的水平上显著为正。研究结果表明，

管理层权力对犯罪人数和犯罪金额有显著正向影响，而对犯罪罪名数的影响不显著。

表 5-11　　高管侵占型职务犯罪的程度

变量	(1) Criminal		(2) Critype		(3) Criamount	
Power	0.003 *	1.832	0.002	0.587	0.014 **	1.974
Size	-0.164 *	-1.853	0.136 **	2.362	-0.784 ***	-2.802
Lev	1.104 ***	3.061	0.470 *	1.746	-1.384	-0.433
Loss	-0.365	-1.219	0.522 **	2.417	-1.349	-0.919
ROA	-1.613	-0.406	4.413 **	1.991	-31.261 **	-2.572
Fgrow	0.147	1.317	-0.033	-0.472	0.500	0.519
Rgrow	-0.228	-1.611	0.091	0.887	-1.228	-1.294
Pgrow	0.005	0.284	0.023 *	1.745	-0.002	-0.021
DC	0.635	0.562	0.397	0.620	-1.037	-0.107
Ndts	-3.941 *	-1.864	-5.193 *	-1.940	-43.579 ***	-2.668
Ocf	0.554	0.640	0.361	0.656	2.826	0.765
Idsame	0.053	0.516	-0.050	-0.524	-1.372 *	-1.935
Jshare	41.417 ***	3.986	1.551	0.434	49.220	0.765
Constant	4.089 *	1.824	-1.651	-1.223	26.008 ***	3.789
年度	控制		控制		控制	
行业	控制		控制		控制	
Adj. R^2	0.350		0.315		0.254	
N	229		229		229	

注：***、**、*分别代表0.01、0.05和0.1水平上的显著性（双尾）。t值均经过robust调整。

（3）高管侵占型职务犯罪与企业价值。进一步地，本书还考察了高管侵占型职务犯罪对企业价值的影响。表5-12显示，以Tobin Q① 度量企业价值时，*Crime* 的回归系数在5%的水平上显著

① Tobin Q＝（流通股股数×流通股价格＋非流通股股数×每股净资产＋负债账面价值）/资产总额

为负；以总资产收益率（*ROA*）度量企业价值时，*Crime* 的回归系数在 1% 的水平上显著为负；以净资产收益率（*ROE*）度量企业价值时，*Crime* 的回归系数在 10% 的水平上显著为负。研究结果表明，高管侵占型职务犯罪是一种非生产性质的活动，会造成公司资产大量流失和掏空企业，此不法行径在被曝光之前就已经在悄然蚕食企业价值。也即，相对于未发生高管侵占型职务犯罪的企业，发生了高管侵占型职务犯罪的企业具有较低的企业价值。这在一定程度上说明对高管侵占型职务犯罪加强治理有着现实的必要性和紧迫性。

表 5-12　　高管侵占型职务犯罪与企业价值

变量	(1) Tobin Q		(2) ROA		(3) ROE	
	系数	t 值	系数	t 值	系数	t 值
Crime	-0.106**	-2.273	-0.010***	-3.883	-0.012*	-1.773
Size	-0.436***	-17.842	0.011***	12.307	0.027***	7.984
Lev	-0.277**	-2.446	-0.099***	-17.433	-0.151***	-6.400
CR	0.136***	5.946	0.000	-0.297	-0.011***	-4.089
Rgrow	0.152***	3.811	0.021***	11.608	0.062***	10.157
Fgrow	0.031	1.184	0.001	1.130	0.005	1.598
NWC	-0.352***	-3.221	0.041***	7.528	0.143***	6.641
Ocf	1.567***	6.472	0.202***	17.372	0.430***	11.042
Jshare	0.133	0.441	0.025*	1.876	0.003	0.094
Dshare	2.212	0.962	0.236**	2.522	0.561***	2.837
Idsame	0.051**	2.001	0.000	0.269	0.003	0.699
Fee	0.189***	6.243	-0.003**	-1.969	-0.007	-1.419
Constant	8.864***	24.807	-0.143***	-9.075	-0.408***	-7.319
年度	控制		控制		控制	
行业	控制		控制		控制	
Adj R^2	0.417		0.400		0.200	
N	4943		4943		4943	

注：***、**、* 分别代表 0.01、0.05 和 0.1 水平上的显著性（双尾）。t 值均经过 robust 调整。

5.3.6 稳健性测试

为了增强研究结论的可靠性，本书从以下几个方面进行了稳健性测试。

（1）替换管理层权力的度量方式。主测试中的管理层权力采用金字塔控制链条的长度、股权制衡度、两职兼任、CEO 是否内部董事、CEO 任职时间和 CEO 学历情况的求和均值表示。我们改变其度量方式，使用主成分分析法（Principal Component Analysis）获得管理层权力的指标（Power_ pca），管理层权力的主成分按照特征根大于1 的标准选取后重新检验本章的主假设。回归结果列示于表5 -13、表5 -14、表5 -15 和表5 -16，与主测试的结果较为一致。

表5 -13　　替换管理层权力的度量方式（1）

变量	模型5 -1	
	系数	z 值
Power_ pca	1.854***	6.022
Size	0.478***	6.594
Lev	-1.093**	-2.047
Loss	-0.040	-0.106
ROA	-9.740***	-4.047
Fgrow	-0.023	-0.174
Rgrow	0.153	0.843
Pgrow	0.031	1.498
DC	-1.176	-0.707
Ndts	10.096**	2.255
Ocf	3.518***	2.717
Idsame	0.032	0.209
Jshare	-9.307**	-2.158

续表

变量	模型 5 - 1	
	系数	z 值
Constant	-12.657***	-7.680
年度	控制	
行业	控制	
Pseudo R^2	0.105	
N	4943	

注：***、**、* 分别代表 0.01、0.05 和 0.1 水平上的显著性（双尾）。z 值均经过 robust 调整。

表 5 - 14　　替换管理层权力的度量方式（2）

变量	(1) 模型 5 - 2		(2) 模型 5 - 3	
	系数	z 值	系数	z 值
Power_ pca	2.376***	5.200	2.062***	6.339
Fper × *Power*	-0.942*	-1.673		
Fper	0.171	1.149		
Corru × *Power*			0.730**	2.185
Corru			-0.558***	-3.237
Size	0.477***	6.656	0.461***	6.419
Lev	-1.095**	-2.032	-0.950*	-1.768
Loss	-0.037	-0.099	-0.078	-0.205
ROA	-9.662***	-4.015	-10.166***	-4.197
Fgrow	-0.021	-0.158	-0.026	-0.198
Rgrow	0.144	0.790	0.172	0.971
Pgrow	0.030	1.491	0.030	1.508
DC	-1.293	-0.772	-1.396	-0.842
Ndts	10.045**	2.232	10.781**	2.453
Ocf	3.554***	2.772	3.371***	2.590
Idsame	0.023	0.152	0.098	0.627
Jshare	-9.621**	-2.163	-9.514**	-2.157
Constant	-12.722***	-7.719	-11.920***	-7.290

续表

变量	(1) 模型 5-2		(2) 模型 5-3	
	系数	z 值	系数	z 值
年度	控制		控制	
行业	控制		控制	
Pseudo R^2	0.107		0.114	
N	4943		4943	

注：***、**、* 分别代表 0.01、0.05 和 0.1 水平上的显著性（双尾）。z 值均经过 robust 调整。

表 5-15　替换管理层权力的度量方式（3）

变量	(1) 模型 5-4		(2) 模型 5-5		(3) 模型 5-6	
	系数	z 值	系数	z 值	系数	z 值
Power_ pca	-0.319***	-2.724	1.995***	4.672	1.554***	4.400
IC × Power			-0.295***	-2.774		
IC			-0.112	-0.631		
FCF × Power					0.875**	2.490
FCF					-0.471	-1.522
Size	0.794***	19.026	0.500***	6.518	0.406***	5.060
Lev	0.426*	1.798	-1.076**	-1.995	-1.165**	-2.151
Loss	-0.650***	-3.239	-0.062	-0.167	-0.039	-0.105
ROA	15.749***	10.958	-9.488***	-3.870	-10.187***	-4.186
Fgrow	0.047	0.781	-0.018	-0.139	-0.059	-0.434
Rgrow	0.189*	1.895	0.152	0.837	0.175	0.955
Pgrow	0.016	1.036	0.031	1.528	0.032	1.529
DC	-1.126	-1.514	-1.197	-0.718	-1.142	-0.683
Ndts	1.122	0.480	10.120**	2.251	9.124**	2.023
Ocf	1.578***	2.980	3.573***	2.747	3.180**	2.389
Idsame	-0.160**	-2.322	0.028	0.181	0.034	0.222
Jshare	0.730	1.460	-9.192**	-2.142	-9.335**	-2.102

续表

变量	(1) 模型 5 - 4		(2) 模型 5 - 5		(3) 模型 5 - 6	
	系数	z 值	系数	z 值	系数	z 值
Constant	-18.876 ***	-19.719	-13.109 ***	-7.505	-10.821 ***	-5.858
年度	控制		控制		控制	
行业	控制		控制		控制	
Pseudo R^2	0.209		0.106		0.109	
N	4943		4943		4943	

注: ***、**、* 分别代表 0.01、0.05 和 0.1 水平上的显著性（双尾）。z 值均经过 robust 调整。

表 5 - 16　　替换管理层权力的度量方式（4）

变量	模型 5 - 7			
	系数	z 值	系数	z 值
Power_ pca	1.941 ***	4.863	1.958 ***	3.828
Wgap × Power	-0.196 **	-2.397		
Wgap	-0.333	-1.086		
Ngap × Power			-0.028 *	-1.903
Ngap			-0.119 ***	-6.188
Size	0.479 ***	6.635	0.536 ***	7.011
Lev	-1.097 **	-2.054	-0.960 *	-1.783
Loss	-0.029	-0.078	-0.038	-0.103
ROA	-9.765 ***	-4.084	-8.618 ***	-3.630
Fgrow	-0.022	-0.168	-0.035	-0.276
Rgrow	0.151	0.830	0.140	0.777
Pgrow	0.032	1.560	0.033	1.633
DC	-1.210	-0.728	-0.585	-0.366
Ndts	10.037 **	2.242	10.949 **	2.374
Ocf	3.554 ***	2.752	3.602 ***	2.815

续表

变量	模型 5 - 7			
	系数	z 值	系数	z 值
Idsame	0.027	0.177	0.105	0.682
Jshare	-9.148**	-2.216	-7.508**	-2.350
Constant	-12.560***	-7.672	-13.745***	-8.037
年度	控制		控制	
行业	控制		控制	
Pseudo R^2	0.106		0.125	
N	4943		4943	

注：***、**、* 分别代表 0.01、0.05 和 0.1 水平上的显著性（双尾）。z 值均经过 robust 调整。

（2）双向聚类处理。为缓解截面相关和时间序列相关的问题，本部分对本章模型中各变量回归系数的标准误差在公司层面和年度层面进行双向聚类处理（two - way cluster）。回归结果列示于表 5 - 17、表 5 - 18、表 5 - 19 和表 5 - 20，与主测试的结果较为一致。

表 5 - 17　　　　双向聚类处理（1）

变量	模型 5 - 1	
	系数	z 值
Power	0.028***	3.160
Size	0.505***	3.181
Lev	-1.091	-1.090
Loss	-0.013	-0.025
ROA	-8.151**	-2.173
Fgrow	-0.005	-0.036
Rgrow	0.097	0.717
Pgrow	0.028	1.106

续表

变量	模型5-1	
	系数	z值
DC	-0.387	-0.119
Ndts	10.015	1.020
Ocf	3.518**	2.403
Idsame	0.034	0.130
Jshare	-6.672	-1.286
Constant	-13.787***	-3.966
年度	控制	
行业	控制	
Pseudo R^2	0.095	
N	4943	

注：***、**、*分别代表0.01、0.05和0.1水平上的显著性（双尾）。

表5-18　　双向聚类处理（2）

变量	（1）模型5-2		（2）模型5-3	
	系数	z值	系数	z值
Power	0.037***	3.641	0.023**	1.995
Fper×*Power*	-0.016***	-3.120		
Fper	0.185	0.704		
Corru×*Power*			0.018**	2.379
Corru			-0.900	-1.225
Size	0.505***	3.235	0.488***	3.142
Lev	-1.051	-1.042	-0.817	-0.823
Loss	0.002	0.003	-0.039	-0.078
ROA	-8.005**	-2.162	-8.263**	-2.258
Fgrow	-0.001	-0.006	-0.007	-0.047
Rgrow	0.087	0.653	0.112	0.891
Pgrow	0.028	1.096	0.027	1.108
DC	-0.423	-0.130	-0.455	-0.138

续表

变量	(1) 模型 5 - 2		(2) 模型 5 - 3	
	系数	z 值	系数	z 值
Ndts	9.892	0.996	10.560	1.099
Ocf	3.640 **	2.423	3.365 **	2.327
Idsame	0.021	0.081	0.079	0.309
Jshare	-6.656	-1.276	-7.055	-1.305
Constant	-13.955 ***	-4.055	-13.041 ***	-3.825
年度	控制		控制	
行业	控制		控制	
Pseudo R^2	0.096		0.106	
N	4943		4943	

注：***、**、* 分别代表 0.01、0.05 和 0.1 水平上的显著性（双尾）。

表 5 - 19　　　双向聚类处理（3）

变量	(1) 模型 5 - 4		(2) 模型 5 - 5		(3) 模型 5 - 6	
	系数	z 值	系数	z 值	系数	z 值
Power	-0.005 *	-1.810	0.031 ***	3.283	0.025 **	2.455
IC × Power			-0.008 **	-2.108		
IC			-0.020	-0.087		
FCF × Power					0.008 ***	3.864
FCF					-0.505 **	-2.079
Size	0.801 ***	4.570	0.520 ***	3.152	0.420 **	2.575
Lev	0.381 *	1.691	-1.077	-1.062	-1.182	-1.174
Loss	-0.666	-1.596	-0.029	-0.057	-0.021	-0.042
ROA	15.697 ***	4.290	-7.998 **	-2.105	-8.591 **	-2.318
Fgrow	0.040	0.723	-0.005	-0.037	-0.042	-0.272
Rgrow	0.182	1.280	0.098	0.732	0.124	0.862
Pgrow	0.015	0.759	0.029	1.140	0.029	1.127

续表

变量	(1) 模型 5 - 4		(2) 模型 5 - 5		(3) 模型 5 - 6	
	系数	z 值	系数	z 值	系数	z 值
DC	-1.073	-1.264	-0.425	-0.130	-0.339	-0.104
Ndts	1.267	0.602	10.120	1.030	9.007	0.920
Ocf	1.581 **	2.159	3.578 **	2.480	3.154 **	2.087
Idsame	-0.163 **	-2.400	0.031	0.117	0.029	0.110
Jshare	0.699	1.570	-6.662	-1.274	-6.740	-1.258
Constant	-18.946 ***	-4.523	-14.135 ***	-3.880	-11.660 ***	-3.261
年度	控制		控制		控制	
行业	控制		控制		控制	
Pseudo R^2	0.208		0.095		0.098	
N	4943		4943		4943	

注：***、**、* 分别代表 0.01、0.05 和 0.1 水平上的显著性（双尾）。

表 5 - 20　　双向聚类处理（4）

变量	模型 5 - 7			
	系数	z 值	系数	z 值
Power	0.038 ***	3.929	0.035 ***	3.401
Wgap × *Power*	-0.023 *	-1.781		
Wgap	-0.154	-0.316		
Ngap × *Power*			-0.016 **	-2.355
Ngap			-0.115 ***	-3.977
Size	0.499 ***	3.180	0.546 ***	3.333
Lev	-1.064	-1.067	-1.051	-1.037
Loss	0.046	0.091	-0.022	-0.045
ROA	-7.883 **	-2.165	-7.319 *	-1.931
Fgrow	-0.004	-0.027	-0.012	-0.086
Rgrow	0.098	0.750	0.093	0.688
Pgrow	0.029	1.125	0.028	1.142

续表

变量	模型 5 - 7			
	系数	z 值	系数	z 值
DC	-0.519	-0.160	-0.005	-0.002
Ndts	9.731	0.993	11.19	1.125
Ocf	3.647 **	2.398	3.566 **	2.561
Idsame	0.024	0.092	0.099	0.375
Jshare	-6.935	-1.287	-5.841	-1.336
Constant	-13.636 ***	-3.975	-14.405 ***	-4.086
年度	控制		控制	
行业	控制		控制	
Pseudo R^2	0.099		0.111	
N	458		458	

注：***、**、* 分别代表 0.01、0.05 和 0.1 水平上的显著性（双尾）。

（3）PSM 方法形成配对样本。在主测试中，本书使用 2003—2015 年地方国有上市公司的相关数据进行全样本检验。考虑到当年度发生了高管侵占型职务犯罪的企业（*Crime* = 1）和没有发生高管侵占型职务犯罪的企业（*Crime* = 0）在公司规模、资产负债率等方面的特征可能存在较大的差异，为了削弱 *Crime* 组别之间这些特征差异对研究结论可靠性的影响，本部分采用倾向得分匹配分析（Propensity Score Matching，简称 PSM）中的最邻近匹配法（Nearest Neighbor Matching，简称 NNM），对每一家犯罪样本公司寻找一家未发生高管侵占型职务犯罪的公司作为参照样本与之配对。具体做法如下：将 *Crime* 作为被解释变量，本章模型中的所有控制变量作为影响因素，构建高管侵占型职务犯罪的影响因素模型，通过 Logit 回归计算出全样本中所有样本的 PS 值（影响因素的综合得分）；然后，以处理组样本（即发生了高管侵占型职务犯罪的样本）的 PS 值为依据，从控制组样本中挑选出最接近处理组样本得分的对象，并形成 1:1 比例的配对样本。

表 5－21 列示了被解释变量是 *Crime* 的平衡性假设检验结果，所有变量均无显著性差异。图 5－1 是配对前与配对后倾向得分值的密度图，配对前处理组和控制组倾向得分值存在较大差异，而配对后处理组和控制组的倾向得分值曲线几近重合，说明配对结果较好。

表 5－21　　　　平衡性假设检验

变量	Mean		Difference	
	Treated	Control	t 值	p 值
Size	22. 571	22. 573	－0. 02	0. 987
Lev	0. 533	0. 526	0. 40	0. 690
Loss	0. 109	0. 105	0. 15	0. 880
ROA	0. 028	0. 029	－0. 19	0. 851
Fgrow	0. 188	0. 196	－0. 12	0. 901
Rgrow	0. 205	0. 190	0. 38	0. 703
Pgrow	－0. 235	－0. 113	－0. 32	0. 750
DC	0. 073	0. 076	－0. 44	0. 660
Ndts	0. 031	0. 032	－0. 76	0. 447
Ocf	0. 069	0. 065	0. 52	0. 604
Idsame	0. 511	0. 520	－0. 19	0. 852
Jshare	0. 003	0. 003	－0. 27	0. 790

注：***、**、* 分别代表 0. 01、0. 05 和 0. 1 水平上的显著性（双尾）。z 值均经过 robust 调整。

表 5－22、表 5－23、表 5－24 和表 5－25 是使用最邻近匹配法配对的子样本根据本章模型的多元回归结果，结果表明主测试的结论较为可靠。

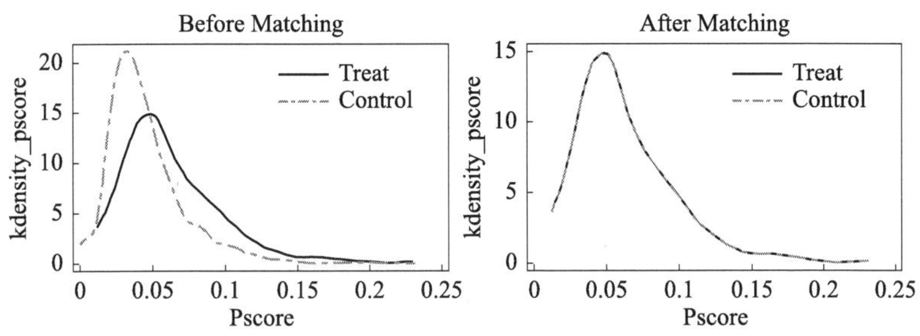

图 5－1　配对前与配对后倾向得分值的密度图

表 5－22　PSM 方法形成配对样本（1）

变量	模型 5－1	
	系数	z 值
Power	0.053***	3.500
Size	0.092	0.786
Lev	－0.179	－0.232
Loss	－0.157	－0.317
ROA	－3.762	－1.043
Fgrow	－0.034	－0.200
Rgrow	0.180	0.659
Pgrow	－0.015	－0.481
DC	－2.706	－1.455
Ndts	－6.492	－1.040
Ocf	1.267	0.707
Idsame	0.001	0.004
Jshare	4.121	0.491
Constant	－1.440	－0.573
年度	控制	
行业	控制	
Pseudo R^2	0.126	
N	458	

注：***、**、* 分别代表 0.01、0.05 和 0.1 水平上的显著性（双尾）。z 值均经过 robust 调整。

表 5-23　　PSM 方法形成配对样本（2）

变量	(1) 模型 5-2		(2) 模型 5-3	
	系数	z 值	系数	z 值
Power	0. 072 ***	2. 621	0. 031 **	2. 027
Fper × Power	-0. 032 ***	-4. 133		
Fper	0. 349	1. 171		
Corru × Power			0. 099 **	2. 107
Corru			-1. 264 ***	-3. 249
Size	0. 087	0. 735	0. 060	0. 508
Lev	-0. 234	-0. 300	0. 034	0. 045
Loss	-0. 162	-0. 324	-0. 256	-0. 502
ROA	-3. 602	-0. 993	-4. 411	-1. 181
Fgrow	-0. 029	-0. 167	0. 004	0. 024
Rgrow	0. 166	0. 602	0. 159	0. 567
Pgrow	-0. 016	-0. 514	-0. 023	-0. 720
DC	-2. 855	-1. 462	-3. 082 *	-1. 721
Ndts	-6. 771	-1. 079	-6. 851	-1. 088
Ocf	1. 352	0. 741	0. 638	0. 340
Idsame	-0. 031	-0. 133	0. 014	0. 058
Jshare	4. 821	0. 575	2. 738	0. 342
Constant	-1. 560	-0. 604	-0. 137	-0. 052
年度	控制		控制	
行业	控制		控制	
Pseudo R^2	0. 130		0. 149	
N	458		458	

注：***、**、* 分别代表 0. 01、0. 05 和 0. 1 水平上的显著性（双尾）。z 值均经过 robust 调整。

表 5－24　　　　PSM 方法形成配对样本（3）

变量	(1) 模型 5－4		(2) 模型 5－5		(3) 模型 5－6	
	系数	z 值	系数	z 值	系数	z 值
Power	－0.015 *	－1.903	0.051 ***	2.759	0.083 ***	3.637
IC × *Power*			－0.002 **	－2.085		
IC			－0.103	－0.328		
FCF × *Power*					0.059 **	2.258
FCF					0.045	0.150
Size	1.126 ***	7.699	0.108	0.877	－0.024	－0.217
Lev	－0.931	－0.978	－0.190	－0.246	－0.022	－0.034
Loss	－0.962	－1.559	－0.162	－0.323	－0.070	－0.152
ROA	15.481 **	2.545	－3.582	－0.981	－0.419	－0.134
Fgrow	－0.147	－0.670	－0.035	－0.204	－0.044	－0.282
Rgrow	0.197	0.556	0.182	0.663	0.074	0.288
Pgrow	－0.035	－0.991	－0.015	－0.493	－0.017	－0.589
DC	－5.765 **	－2.478	－2.731	－1.474	－1.083	－0.622
Ndts	5.156	0.693	－6.459	－1.033	－12.175 **	－2.308
Ocf	3.416	1.604	1.322	0.740	0.978	0.636
Idsame	－0.114	－0.438	－0.002	－0.007	－0.027	－0.138
Jshare	4.743	0.520	4.274	0.510	－1.679	－0.195
Constant	－23.986 ***	－7.334	－1.753	－0.670	0.511	0.197
年度	控制		控制		控制	
行业	控制		控制		控制	
Pseudo R^2	0.287		0.126		0.055	
N	458		458		458	

注：***、**、* 分别代表 0.01、0.05 和 0.1 水平上的显著性（双尾）。z 值均经过 robust 调整。

表 5 – 25　　PSM 方法形成配对样本（4）

变量	模型 5 – 7			
	系数	z 值	系数	z 值
Power	0. 055 ***	3. 072	0. 065 ***	2. 769
Wgap × *Power*	– 0. 007 **	– 2. 418		
Wgap	– 0. 193	– 0. 391		
Ngap × *Power*			– 0. 029 *	– 1. 712
Ngap			– 0. 162 ***	– 4. 494
Size	0. 088	0. 761	0. 163	1. 267
Lev	– 0. 194	– 0. 253	– 0. 361	– 0. 444
Loss	– 0. 160	– 0. 318	– 0. 076	– 0. 149
ROA	– 3. 782	– 1. 050	– 2. 915	– 0. 784
Fgrow	– 0. 028	– 0. 167	– 0. 117	– 0. 664
Rgrow	0. 178	0. 654	0. 221	0. 799
Pgrow	– 0. 015	– 0. 480	0. 001	0. 027
DC	– 2. 813	– 1. 514	– 2. 237	– 1. 141
Ndts	– 6. 883	– 1. 097	– 3. 947	– 0. 620
Ocf	1. 300	0. 726	1. 613	0. 864
Idsame	– 0. 001	– 0. 006	0. 063	0. 267
Jshare	3. 950	0. 471	10. 14	0. 926
Constant	– 1. 291	– 0. 511	– 2. 465	– 0. 896
年度	控制		控制	
行业	控制		控制	
Pseudo R^2	0. 127		0. 167	
N	4943		4943	

注：***、**、* 分别代表 0. 01、0. 05 和 0. 1 水平上的显著性（双尾）。z 值均经过 robust 调整。

（4）替换极值处理方法。在主测试中，本书对所有连续变量在上下1%进行了缩尾处理。为避免极值处理方式对研究结论的影响，本部分对所有连续变量分别在上下2%进行缩尾处理以及上下1%进行截尾处理，并重新检验本章的假设。回归结果如表5-26、表5-27、表5-28和表5-29所示，与主测试的结果较为一致。

表5-26 替换极值处理方法（1）

变量	模型5-1			
	系数	z值	系数	z值
Power	0.041***	6.430	0.033***	4.913
Size	0.510***	6.824	0.454***	5.399
Lev	-1.149**	-2.097	-0.305	-0.475
Loss	-0.107	-0.272	-0.077	-0.182
ROA	-9.877***	-3.508	-8.881***	-2.743
Fgrow	-0.087	-0.473	-0.201	-0.768
Rgrow	0.198	0.858	0.331	1.240
Pgrow	0.032	1.043	0.003	0.113
DC	-0.562	-0.309	-0.797	-0.351
Ndts	10.461**	2.143	15.107***	2.745
Ocf	3.742***	2.743	4.111***	2.594
Idsame	0.024	0.154	-0.021	-0.125
Jshare	-8.240**	-2.416	-4.716	-1.522
Constant	-13.878***	-8.136	-13.318***	-6.745
年度	控制		控制	
行业	控制		控制	
Pseudo R^2	0.096		0.095	
N	4943		4139	

注：***、**、*分别代表0.01、0.05和0.1水平上的显著性（双尾）。z值均经过robust调整。

表5－27 替换极值处理方法（2）

变量	（1）模型5－2		（2）模型5－3		（3）模型5－2		（4）模型5－3	
	系数	z值	系数	z值	系数	z值	系数	z值
Power	0.048***	5.746	0.034***	4.903	0.035***	3.864	0.033***	4.574
Fper × *Power*	−0.017**	−2.365			−0.006*	−1.904		
Fper	0.170	0.989			0.244	1.335		
Corru × *Power*			0.019*	1.672			0.005**	2.230
Corru			−0.915***	−4.315			−1.020***	−4.531
Size	0.513***	6.967	0.497***	6.749	0.450***	5.442	0.439***	5.392
Lev	−1.116**	−2.013	−0.884	−1.594	−0.349	−0.535	−0.016	−0.025
Loss	−0.097	−0.249	−0.143	−0.362	−0.061	−0.143	−0.093	−0.220
ROA	−9.749***	−3.454	−10.172***	−3.569	−8.903***	−2.730	−9.730***	−2.950
Fgrow	−0.081	−0.439	−0.087	−0.465	−0.196	−0.751	−0.208	−0.784
Rgrow	0.187	0.808	0.215	0.940	0.329	1.224	0.355	1.352
Pgrow	0.031	1.007	0.031	1.032	0.004	0.129	0.009	0.335
DC	−0.544	−0.300	−0.657	−0.361	−1.185	−0.532	−1.402	−0.618
Ndts	10.169**	2.077	10.753**	2.243	14.248**	2.568	14.454***	2.674

续表

变量	(1) 模型5-2		(2) 模型5-3		(3) 模型5-2		(4) 模型5-3	
	系数	z值	系数	z值	系数	z值	系数	z值
Ocf	3.854***	2.820	3.623***	2.656	4.269***	2.673	4.170***	2.582
Idsame	0.014	0.087	0.075	0.475	-0.039	-0.225	0.065	0.371
Jshare	-8.123**	-2.388	-8.567**	-2.478	-4.769	-1.536	-4.902	-1.528
Constant	-14.093***	-8.283	-13.171***	-7.820	-13.326***	-6.815	-12.356***	-6.439
年度	控制		控制		控制		控制	
行业	控制		控制		控制		控制	
Pseudo R^2	0.098		0.109		0.098		0.114	
N	4943		4943		4139		4139	

注：***、**、*分别代表0.01、0.05和0.1水平上的显著性（双尾）。z值均经过robust调整。

表 5-28 替换极值处理方法（3）

变量	（1）模型 5-4		（2）模型 5-5		（3）模型 5-6		（4）模型 5-4		（5）模型 5-5		（6）模型 5-6	
	系数	z 值	系数	z 值	系数	z 值	系数	z 值	系数	z 值	系数	z 值
Power	-0.005 **	-2.108	0.043 ***	5.679	0.036 ***	5.318	-0.001 *	-1.784	0.036 ***	4.454	0.038 ***	5.189
IC × *Power*			-0.012 **	-2.393					-0.010 **	-2.412		
IC			0.042	0.203					-0.055	-0.236		
FCF × *Power*					0.010 **	2.225					0.016 ***	3.819
FCF					-0.539 ***	-2.581					-0.352	-1.571
Size	0.809 ***	19.044	0.520 ***	6.586	0.337 ***	4.884	0.817 ***	17.498	0.474 ***	5.287	0.290 ***	3.725
Lev	0.457 *	1.871	-1.120 **	-2.012	-0.930 *	-1.743	0.370	1.317	-0.275	-0.421	-0.342	-0.553
Loss	-0.541 ***	-2.582	-0.108	-0.276	-0.132	-0.355	-0.765 ***	-3.227	-0.088	-0.210	-0.071	-0.173
ROA	17.476 ***	12.398	-9.726 ***	-3.379	-8.364 ***	-3.165	18.495 ***	10.929	-8.635 ***	-2.597	-7.421 **	-2.464
Fgrow	-0.020	-0.248	-0.087	-0.468	-0.182	-0.876	-0.092	-0.972	-0.208	-0.791	-0.376	-1.213
Rgrow	0.301 **	2.507	0.196	0.848	0.431 *	1.913	0.492 ***	3.423	0.335	1.255	0.628 **	2.553
Pgrow	0.023	1.054	0.034	1.100	0.027	0.886	0.024	1.044	0.005	0.166	0.001	0.035
DC	-1.210	-1.581	-0.565	-0.310	0.407	0.219	-2.283 ***	-2.632	-1.173	-0.517	0.289	0.127
Ndts	1.730	0.707	10.376 **	2.128	6.339	1.302	0.542	0.201	14.492 ***	2.623	9.743 *	1.732

续表

变量	(1) 模型 5 – 4		(2) 模型 5 – 5		(3) 模型 5 – 6		(4) 模型 5 – 4		(5) 模型 5 – 5		(6) 模型 5 – 6	
	系数	z 值	系数	z 值	系数	z 值	系数	z 值	系数	z 值	系数	z 值
Ocf	1.489 ***	2.683	3.795 ***	2.761	3.427 **	2.454	2.146 ***	3.294	4.364 ***	2.714	4.015 **	2.547
Idsame	–0.169 **	–2.431	0.025	0.162	0.001	0.007	–0.160 **	–2.093	–0.025	–0.147	–0.081	–0.527
Jshare	1.780	1.638	–8.132 **	–2.383	–8.545 **	–2.460	1.360	1.410	–4.616	–1.488	–5.265	–1.598
Constant	–19.277 ***	–19.800	–14.131 ***	–7.832	–10.292 ***	–6.645	–19.350 ***	–17.895	–13.732 ***	–6.542	–9.747 ***	–5.537
年度	控制		控制		控制		控制		控制		控制	
行业	控制		控制		控制		控制		控制		控制	
Pseudo R^2	0.213		0.098		0.067		0.213		0.097		0.063	
N	4943		4943		4943		4139		4139		4139	

注：***、**、*分别代表 0.01、0.05 和 0.1 水平上的显著性（双尾）。z 值均经过 robust 调整。

表 5－29　　替换极值处理方法（4）

变量	模型 5－7							
	系数	z 值	系数	z 值	系数	z 值	系数	z 值
Power	0. 051 ***	7. 446	0. 050 ***	6. 647	0. 042 ***	5. 665	0. 046 ***	5. 297
Wgap × *Power*	－0. 032 ***	－2. 626			－0. 030 **	－2. 136		
Wgap	－0. 076	－0. 248			0. 023	0. 065		
Ngap × *Power*			－0. 025 ***	－2. 615			－0. 028 **	－2. 536
Ngap			－0. 120 ***	－5. 736			－0. 127 ***	－5. 551
Size	0. 507 ***	6. 848	0. 554 ***	7. 095	0. 449 ***	5. 375	0. 496 ***	5. 650
Lev	－1. 137 **	－2. 074	－1. 103 **	－1. 966	－0. 341	－0. 529	－0. 209	－0. 316
Loss	－0. 038	－0. 098	－0. 088	－0. 225	－0. 012	－0. 029	－0. 029	－0. 069
ROA	－9. 647 ***	－3. 450	－8. 859 ***	－3. 151	－8. 906 ***	－2. 756	－7. 662 **	－2. 308
Fgrow	－0. 080	－0. 435	－0. 076	－0. 431	－0. 198	－0. 763	－0. 157	－0. 658
Rgrow	0. 196	0. 848	0. 199	0. 878	0. 332	1. 238	0. 318	1. 221
Pgrow	0. 034	1. 106	0. 033	1. 078	0. 007	0. 248	0. 004	0. 138
DC	－0. 726	－0. 401	－0. 069	－0. 039	－1. 175	－0. 524	－0. 455	－0. 210
Ndts	9. 733 **	2. 004	11. 669 **	2. 330	13. 937 **	2. 545	17. 011 ***	2. 959
Ocf	3. 875 ***	2. 865	3. 792 ***	2. 813	4. 255 ***	2. 675	4. 288 ***	2. 721

续表

变量	模型 5－7							
	系数	z 值	系数	z 值	系数	z 值	系数	z 值
Idsame	0. 020	0. 127	0. 086	0. 543	－0. 037	－0. 214	0. 029	0. 168
Jshare	－8. 548 **	－2. 444	－7. 181 **	－2. 272	－4. 738	－1. 523	－3. 731	－1. 314
Constant	－13. 765 ***	－8. 142	－14. 558 ***	－8. 342	－13. 113 ***	－6. 708	－14. 029 ***	－6. 999
年度	控制		控制		控制		控制	
行业	控制		控制		控制		控制	
Pseudo R^2	0. 102		0. 114		0. 100		0. 115	
N	4943		4943		4139		4139	

注：***、**、* 分别代表 0. 01、0. 05 和 0. 1 水平上的显著性（双尾）。z 值均经过 robust 调整。

5.4　本章小结

本章选取2003—2015年沪深两市的地方国有上市公司作为研究对象，选择金字塔控制链条的长度、股权制衡度、两职兼任、高管是否内部董事、高管任职时间、高管学历情况合成管理层权力强度的综合指标，运用Logit回归模型实证分析管理层权力与高管侵占型职务犯罪的关系，并分别从管理层性别差异、地区官员腐败程度方面进行管理层权力诱发高管侵占型职务犯罪的动机分析，从内部控制质量、自由现金流方面进行管理层权力诱发高管侵占型职务犯罪的机会分析，从薪酬差距方面进行管理层权力诱发高管侵占型职务犯罪的借口分析。为深入考察管理层权力对高管侵占型职务犯罪的诱发作用，本书进一步地从区分管理层权力的维度方面考察具体哪些维度的管理层权力诱发了高管侵占型职务犯罪，从区分高管侵占型职务犯罪的程度方面使用高管侵占型职务犯罪样本考察管理层权力与高管侵占型职务犯罪程度的关系。此外，从企业价值方面考察了高管侵占型职务犯罪的经济后果。研究结果显示：（1）限定其他条件，管理层权力越大，地方国有上市公司发生高管侵占型职务犯罪的可能性越大。（2）女性高管利用权力实施侵占型职务犯罪的可能性比男性高管更低，由于女性具备风险规避特征，女性高管占比低会从动机方面强化管理层权力对高管侵占型职务犯罪的诱发作用。地区官员腐败程度越高，管理层权力诱发高管侵占型职务犯罪的可能性越大，即地区官员腐败的示范效应会从动机方面强化管理层权力对高管侵占型职务犯罪的诱发作用。（3）内部控制质量受到管理层权力的消极影响，且内部控制质量越低，从机会方面来看，管理层权力对高管侵占型职务犯罪的诱发作用越强。自由现金流越多，管理层权力诱发高管侵占型职务犯罪的可能性越大，即自由现金流量的增加会从机会方面强化管理层权力对高管侵占型职务犯罪的诱发作用。（4）无论是外部薪酬差距还是内部薪酬差距，薪酬差距越小会从借口方面强化管理层权力对高管侵占型职务犯罪的诱发作用。（5）管理层权力维度中的结构权力、所有权权力、声望权力更易诱发高管侵占型职务犯罪，而专家权力被用于生产经营活动的可能性要大于被用于侵占型职务犯罪活动。管理层权力对犯罪人数和犯罪金额有显著正向影响，而对犯罪罪名数的影响并不显著。高管侵占型职务犯罪是一种非生产性质的活动，会造成公司资产大量流失和掏空企业，此不法行径在被曝光之前就已经在悄然蚕食企业价值，这说明对高管侵占型职务犯罪加强治理有着现实的必要性和紧迫性。（6）通过替换管理层权力的度量方式、双向聚类处理、PSM 方法形成配对样本、替换极值处理方法的稳健性测试，本书发现主测试的结论较为可靠。

第6章　政府审计治理管理层权力诱发高管侵占型职务犯罪的实证分析

基于前文4.2节的机理分析，本章将对政府审计治理管理层权力诱发高管侵占型职务犯罪进行实证检验。首先，考察政府审计对管理层权力诱发高管侵占型职务犯罪的整体治理作用。其次，考察政府审计对内部控制质量的提升作用（减少管理层权力诱发高管侵占型职务犯罪的内部机会）以及政府审计与制度环境、媒体监督、CPA审计在治理管理层权力诱发高管侵占型职务犯罪方面是否存在互补效应或替代效应。最后，进行稳健性测试。

6.1　理论分析和假设提出

政府审计由国家法律授予经济监督权，长期以来在党和政府的文件中被视作重要的权力制约和监督机制（郑石桥，2014）。

政府审计具备揭露功能，能够强化高管的寻租风险意识和削弱管理层权力寻租的动机。财务收支审计从会计资料中查找高管侵占型职务犯罪的线索，任期经济责任审计揭示高管“权力运行”和“责任履行”的不良状况，专项跟踪审计在对特定事项进行全过程的动态连续调查中揭发高管侵占型职务犯罪行为（周微等，2017），使所有国有资产、国有资源都在政府审计监督之下。政府审计具备惩处功能，给潜在不法高管造成“伸手必被捉”的巨大心理压力，能够强化高管的寻租风险意识和削弱管理层权力寻租的动机。

政府审计能够提升内部控制质量，减少高管利用职权实施高管侵占型职务犯罪的内部机会。政府审计善于查找规章制度方面的漏洞和问题，对国企内部控制质量缺陷能够发挥出良好的修复功效（蔡利和马可哪呐，2014）。通过监督和检查内部控制制度是否建立健全以及是否得到有效执行，提出使管理合乎规范以及防备管理层违法乱纪的建议和措施，政府审计可以推动地方国企优化管理制度，修补管理漏洞，压缩管理层权力的内部寻租空间，减少高管利用权力实施高管侵占型职务犯罪的内部机会。

作为一种外部治理机制，政府审计与人民代表大会监督、舆论监督、司法监督等众多监督方式相比，同时具备长效性、独立性、专业性的特点（李坤，2012）。基于法律法规的权威规定以及我国中央机构和最高领袖的高度重视所保障的审计长效性，政府审计机关在组织、权力、工作、经费方面的超然独立性（彭华彰和刘誉泽，2010；余玉苗，2001）以及在审计方式、审计内容和审计方法上体现出的专业性，政府审计可以加强地方国企高管的外部监管环境，减少侵占型职务犯罪所需的外部机会。

作为一种监督和制约机制，政府审计从管理层权力诱发高管侵占型职务犯罪的路径之源头出发，着力于管理层权力寻租的动机和机会，从而能够有效降低管理层权力诱发高管侵占型职务犯罪的可能性。由于审计过程难以被观察，现有研究中，通常使用审计投入（李江涛等，2011；谢柳芳和韩梅芳，2016；陈丽红等，2016）和审计问责力度（韦德洪等，2010；刘雷等，2014；池国华等，2018）度量政府审计的治理作用。

因此，本书提出假设 6.1 和假设 6.2。

假设 6.1：限定其他条件，审计投入力度越大，政府审计对管理层权力诱发高管侵占型职务犯罪的治理作用越强。

假设6.2：限定其他条件，审计问责力度越大，政府审计对管理层权力诱发高管侵占型职务犯罪的治理作用越强。

6.2　变量定义与模型构建

6.2.1　变量定义

（1）政府审计投入[①]。在现有研究中，政府审计投入的衡量指标主要有审计人员在编数量（陈丽红等，2016；李江涛等，2011；刘爱东和张鼎祖，2014）、被审计的单位数或人数（李江涛等，2011；刘爱东和张鼎祖，2014；谢柳芳和韩梅芳，2016）、央企是否受到政府审计（陈宋生等，2013；蔡利和马可哪呐，2014）。结合研究需要，本书采用政府审计人员在编数作为政府审计投入的替代指标，并选择被审计单位数进行稳健性分析。为消除地区规模差异的影响，本书参考陈丽红等（2016）的方法，先将政府审计人员在编数经地方国有上市公司数调整和被审计单位数经地区人口数调整，然后将调整之后的数值与年度中位数比较，若大于年度中位数，取值1，否则取值0。

（2）政府审计问责。目前关于政府审计问责的替代指标较多，主要有政府审计调查出的问题（违规）金额[②]（池国华等，2018；李江涛等，2011；李江涛等，2015；李明和聂召，2014；刘爱东和

① 由于31个省级（省、自治区、直辖市）审计机关网站上审计工作报告对于国企审计情况的公开程度不一、不连续、规范性较差，本书替代性地从《中国审计年鉴》获取关于政府审计投入和政府审计问责的数据。

② 问题金额包括违规金额、损失浪费金额和管理不规范金额。为方便叙述，本书并未将采用问题金额度量政府审计问责力度的文献和采用违规金额作为度量指标的文献进行区分。

张鼎祖，2014；刘雷等，2014；刘泽照和梁斌，2015；宋常等，2006；宋达和郑石桥，2014；王兵等，2017；叶子荣和马东山，2012；周微等，2017；朱荣，2014）、审计促进整改落实有关问题资金金额[①]（池国华等，2018；刘雷等，2014）、问题金额处理处罚率[②]、问题金额纠正率[③]（陈丽红等，2016；刘雷等，2014；朱荣，2014）、审计工作信息批示采用率（李江涛等，2015；刘爱东和张鼎祖，2014；刘雷等，2014；唐雪松等，2012；韦德洪等，2010；朱荣，2014）、审计移送案件处理率[④]（陈丽红等，2016；韦德洪等，2010）等。本书选择审计查出违规金额度量政府审计问责力度。原因在于：一是审计查出违规金额是我国政府审计机关长期以来审计实践中的重要成果（宋常等，2006）；二是较多文献采用该指标衡量政府审计问责力度；三是《中国政府审计年鉴》对该项数据的披露较全面，符合本书研究需要。为消除地区规模差异的影响，本书借鉴刘泽照和梁斌（2015）的方法，将审计查出违规金额经地区人口数调整，若审计查出违规金额与地区人口数的比值大于年度中位数，取值1，否则取值0。在稳健性测试中，本书使用审计工作信息批示采用率度量政府审计问责力度。

（3）管理层权力。本书借鉴卢锐（2008）、干胜道和胡明霞（2014）、徐细雄和刘星（2013），在金字塔控制链条的长度、股权

---

① 指已纠正的问题金额，包括已上缴财政、已减少财政拨款或补贴、已归还原渠道资金、已缴纳其他资金、已调账处理金额。

② 现有文献使用不同的方法衡量问题金额处理处罚率，包括已纠正的问题金额占问题金额的比率（李江涛等，2015；宋达和郑石桥，2014；唐雪松等，2012；韦德洪等，2010）以及审计决定处理处罚金额（应上缴财政金额、应减少财政拨款或补贴的金额、应归还原渠道资金、应调账处理金额之和）占问题金额的比率（宋达和郑石桥，2014；朱荣，2014）。

③ 指已纠正的问题金额与审计处理处罚金额之比。

④ 指已处理案件数占移送司法机关、纪检监察部门和有关部门案件总数的比率。

制衡度、两职兼任、高管是否内部董事、高管任职时间、高管学历情况这六个指标的基础上采用求和均值方法构建一个综合反映管理层权力的连续变量，该变量值越大，说明管理层权力越大。详见第五章变量定义所述。

（4）高管侵占型职务犯罪。高管侵占型职务犯罪是指企业高管为追求个人经济利益，利用职务上的便利，通过贪污、受贿、挪用和侵占等方法中饱私囊、损害企业利益，应受到刑法处罚的犯罪行为，包括贪污罪、受贿罪、挪用公款罪、内幕交易罪、巨额财产来源不明罪、私分国有资产罪。高管包括总经理、总会计师、财务总监、主管各项事务的副总经理以及执行董事，而独立董事和监事不属于本书讨论的高管范畴。

（5）控制变量。本书参考张蕊和管考磊（2016）、周美华等（2016）、胡明霞和干胜道（2015）等学者的研究，在检验模型中纳入其他一些影响高管侵占型职务犯罪的因素，包括公司规模（*Size*）、资产负债率（*Lev*）、业绩状况（*Loss*）、总资产收益率（*ROA*）、固定资产增长率（*Fgrow*）、营业收入增长率（*Rgrow*）、利润总额增长率（*Pgrow*）、在职消费（*DC*）、非债务税盾（*Ndts*）、经营性现金流（*Ocf*）、独立董事与上市公司工作地点一致性（*Idsame*）、监事会持股比例（*Jshare*）以及控制年度固定效应的年度虚拟变量和控制行业固定效应的行业虚拟变量。各变量定义详见表6－1。

表6－1　　变量定义

变量类别	变量名称	变量符号	变量说明
被解释变量	高管侵占型职务犯罪	*Crime*	若本年度存在高管违反贪污罪、受贿罪、挪用公款罪、内幕交易罪、巨额财产来源不明罪或私分国有资产罪的情况，取值1，否则取值0

续表

变量类别	变量名称	变量符号	变量说明
解释变量	管理层权力	*Power*	下列指标的求和均值：（1）金字塔控制链条的长度（Layer），取值为金字塔控制链条的最长层级，如终极控制人直接控股上市公司，则层级数为1，依此类推；（2）股权制衡度（Conver），公司第一大股东持股比例与第二大股东持股比例之比；（3）两职兼任（Duality），若CEO兼任董事长，取值1，否则取值0；（4）高管是否内部董事（MTB），若高管为董事会成员，取值1，否则取值0，然后整个高管团队取人均均值；（5）高管任职时间（Tenure），取值为高管团队人员的人均在任年限；（6）高管学历情况（Degree），中专及中专以下取值1，大专取值2，本科取值3，硕士研究生取值4，博士研究生取值5，然后整个高管团队取人均均值
	政府审计投入	*Audtr*	若省级（省、自治区、直辖市）审计机关人员在编数①与地方国有上市公司数之比值大于年度中位数，取值1，否则取值0
	政府审计问责	*Audwz*	若审计查出违规金额与地区人口数之比值大于年度中位数，取值1，否则取值0
控制变量	公司规模	*Size*	公司资产总额的自然对数
	资产负债率	*Lev*	负债总额与资产总额之比
	业绩状况	*Loss*	经营亏损取值1，否则取值0
	总资产收益率	*ROA*	净利润与总资产之比
	固定资产增长率	*Fgrow*	（固定资产净额本期期末值 - 固定资产净额上年同期期末值）÷固定资产净额上年同期期末值
	营业收入增长率	*Rgrow*	（营业收入本年本期金额 - 营业收入上年同期金额）÷营业收入上年同期金额

① 只有省级审计机关才能对该地区的所有上市公司进行审计或指导审计工作，所以此处的审计机关人员在编数并未考虑省级以下的地方审计机关。

续表

变量类别	变量名称	变量符号	变量说明
控制变量	利润总额增长率	*Pgrow*	（利润总额本年本期金额－利润总额上年同期金额）÷利润总额上年同期金额
	在职消费	*DC*	管理费用与资产总额之比
	非债务税盾	*Ndts*	固定资产折旧与资产总额之比
	经营性现金流	*Ocf*	经营活动现金流与总资产之比
	独立董事与上市公司工作地点一致性	*Idsame*	会计专业的独立董事工作所在地与上市公司注册地相同，取值0，否则取值1
	监事会持股比例	*Jshare*	监事会持股数量与公司股本总数之比乘以100①
	年度变量	*Year*	年度虚拟变量
	行业变量	*Ind*	行业虚拟变量

6.2.2　模型构建

为检验假设6.1和假设6.2，本书借鉴张蕊和管考磊（2016）、周美华等（2016）、胡明霞和干胜道（2015）等研究经验建立待检验的Logit回归模型6－1和模型6－2。

$$Crime_{i,t} = \alpha_0 + \alpha_1 Power_{i,t} + \alpha_2 Audtr \times Power_{i,t} + \alpha_3 Audtr_{i,t} + \sum \alpha_{i+1} X + \varepsilon_{i,t} \quad (6-1)$$

$$Crime_{i,t} = \alpha_0 + \alpha_1 Power_{i,t} + \alpha_2 Audwz \times Power_{i,t} + \alpha_3 Audwz_{i,t} + \sum \alpha_{i+1} X + \varepsilon_{i,t} \quad (6-2)$$

其中，*Crime*表示高管侵占型职务犯罪；解释变量*Power*表示管理层权力，*Audtr*表示政府审计投入，*Audwz*表示政府审计问责；X表示控制变量组合。

① 监事会持股数量与公司股本总数之比值太小，所以乘以100，避免回归系数太大。

6.3 实证分析与结果描述

6.3.1 样本选择

本书选取2003年至2015年沪深两市的地方国有上市公司作为研究对象。选择2003—2015年为样本期是基于数据可获取性的考虑，2003年之前的数据缺失严重，而由于《中国审计年鉴》发布存在滞后性，笔者采用手工收集方式仅获取了截至2015年的政府审计省级面板数据。

高管侵占型职务犯罪信息通过手工搜集整理，具体方法如下：通过百度网进行“高管犯罪”“高管腐败”“高管贪污”“高管挪用”“高管双规”“高管被调查”等关键词检索，获取地方国有上市公司高管侵占型职务犯罪的媒体公开报道信息，然后根据媒体报道信息查阅上市公司公告和纪检司法机构公告，筛选出公开披露高管侵占型职务犯罪行为的地方国有上市公司和判定涉案年度①，确定高管侵占型职务犯罪的样本。政府审计投入和政府审计问责的数据来源于《中国审计年鉴》《中国统计年鉴》，其他数据均来源于国泰安（CSMAR）数据库、万得（Wind）数据库以及中华人民共和国证券监督管理委员会（以下简称证监会）披露的上市公司年度报告。

在原始样本基础上，按照以下顺序进行整理：（1）剔除金融类上市公司样本；（2）剔除当年发生了CEO变更的样本；（3）剔除数据缺失的样本。最终获得研究样本4943个观测值。本书参照

① 涉案年度是指高管侵占型职务犯罪行为发生的年度，并非该犯罪行为被曝光的年度。涉案年度的判定以中国裁判文书网的判决书为依据。

中国证监会《上市公司行业分类指引》进行行业分类，其中制造业采取二级行业分类，其他行业采取一级行业分类。

本书主要运用 Excel 2007 和 Stata 13.0 分析软件进行数据处理和统计分析。为了减轻潜在异常值的影响，所有连续变量在1%和99%的水平上作了缩尾处理。

6.3.2 描述性统计

表6-2列示了模型6-1和模型6-2各变量的描述性统计结果。从表中可以看出，被解释变量高管侵占型职务犯罪（*Crime*）的均值为0.046，标准差为0.210，最小值和最大值分别为0和1，反映出发生并披露了高管侵占型职务犯罪的地方国有上市公司较少。解释变量方面，管理层权力（Power）的均值为6.328，标准差为9.571，最小值和最大值分别为1.006和64.928，这表明管理层权力的强度存在较大的差异。政府审计投入（*Audtr*）的均值为0.138，标准差为0.345，最小值和最大值分别为0和1。政府审计问责（*Audwz*）的均值为0.170，标准差为0.376，最小值和最大值分别为0和1。控制变量方面，样本公司的公司规模（*Size*）的均值为22.118，资产负债率（*Lev*）的均值是52.7%，经营亏损公司（*Loss*）占比为10.2%，总资产收益率（*ROA*）的均值是3.1%，固定资产增长率（*Fgrow*）的均值是17.5%，营业收入增长率（*Rgrow*）的均值是17.4%，利润总额增长率（*Pgrow*）的均值是-25%，在职消费（*DC*）的均值是0.079，非债务税盾（*Ndts*）的均值是0.026，经营性现金流（*Ocf*）的均值是0.052，50.1%的公司注册地与会计专业的独立董事工作所在地相同（*Idsame*），监事会持股比例（*Jshare*）的均值是0.013。

表 6-2 描述性统计

Variable	N	Mean	Median	Std. Dev.	Min	Max
Crime	4943	0.046	0	0.210	0	1
Power	4943	6.328	3.151	9.571	1.006	64.928
Audtr	4943	0.138	0	0.345	0	1
Audwz	4943	0.170	0	0.376	0	1
Size	4943	22.118	21.976	1.165	19.832	25.178
Lev	4943	0.527	0.539	0.191	0.091	0.963
Loss	4943	0.102	0	0.303	0	1
ROA	4943	0.031	0.029	0.052	-0.182	0.180
Fgrow	4943	0.175	0.025	0.582	-0.654	4.140
Rgrow	4943	0.174	0.112	0.399	-0.569	2.499
Pgrow	4943	-0.250	0.109	4.151	-27.560	12.008
DC	4943	0.079	0.065	0.063	0.007	0.404
Ndts	4943	0.026	0.023	0.018	0	0.086
Ocf	4943	0.052	0.053	0.076	-0.186	0.267
Idsame	4943	0.501	1	0.500	0	1
Jshare	4943	0.013	0	0.066	0	0.550

6.3.3 相关性分析

表6-3为模型6-1、模型6-2主要变量的Pearson和Spearman相关系数矩阵。该表显示出，政府审计投入（*Audtr*）和高管侵占型职务犯罪（*Crime*）相关系数在10%的水平上显著为负，政府审计问责（*Audwz*）和高管侵占型职务犯罪（*Crime*）相关系数在5%的水平上显著为负。就控制变量而言，两两之间的相关系数基本都小于0.4，这说明模型6-1、模型6-2不存在严重的多重共线性问题。

表 6 – 3　　相关系数矩阵

变量	*Crime*	*Power*	*Audtr*	*Audwz*	*Size*	*Lev*	*Loss*	*ROA*	*Fgrow*	*Rgrow*	*Pgrow*	*DC*	*Ndts*	*Ocf*	*Idsame*	*Jshare*
Crime	1	0. 084 ***	-0. 030 *	-0. 046 **	0. 089 ***	0. 016	0. 005	-0. 024	-0. 009	0. 016	-0. 013	-0. 056 ***	0. 036 *	0. 046 **	0. 004	-0. 046 **
Power	0. 103 ***	1	0. 002	0. 011	0. 049 ***	-0. 059 ***	-0. 026	-0. 003	-0. 029 *	-0. 026	-0. 028 *	-0. 040 **	0. 022	-0. 017	-0. 062 ***	-0. 056 ***
Audtr	-0. 030 *	-0. 011	1	0. 141 ***	-0. 003	-0. 013	0. 030 *	-0. 029 *	-0. 007	-0. 016	-0. 028	0. 108 ***	-0. 074 ***	-0. 045 **	-0. 064 ***	-0. 077 ***
Audwz	-0. 046 **	-0. 000	0. 141 ***	1	0. 007	0. 014	0. 013	-0. 025	0. 046 **	0. 000	-0. 002	0. 067 ***	0. 032 *	-0. 007	-0. 019	0. 001
Size	0. 086 ***	0. 033 *	-0. 004	0. 003	1	0. 261 ***	-0. 106 ***	0. 112 ***	0. 145 ***	0. 050 ***	-0. 018	-0. 341 ***	-0. 067 ***	0. 053 ***	-0. 020	-0. 047 **
Lev	0. 007	-0. 038 *	-0. 015	0. 020	0. 241 ***	1	0. 211 ***	-0. 442 ***	0. 024	0. 024	-0. 044 **	-0. 236 ***	-0. 143 ***	-0. 222 ***	0. 016	-0. 051 ***
Loss	0. 005	0. 005	0. 030 *	0. 013	-0. 10 ***	0. 222 ***	1	-0. 524 ***	-0. 119 ***	-0. 235 ***	-0. 448 ***	0. 157 ***	0. 107 ***	-0. 198 ***	0. 031 *	-0. 026
ROA	-0. 014	-0. 054 ***	-0. 030 *	-0. 013	0. 135 ***	-0. 426 ***	-0. 655 ***	1	0. 141 ***	0. 297 ***	0. 396 ***	-0. 092 ***	-0. 028	0. 405 ***	0. 007	-0. 014
Fgrow	0. 005	-0. 032 *	0. 008	0. 033 *	0. 072 ***	0. 051 ***	-0. 04 **	0. 055 ***	1	0. 244 ***	0. 021	-0. 070 ***	-0. 020	0. 061 ***	0. 077 ***	0. 008
Rgrow	0. 017	-0. 015	0. 003	0. 014	0. 026	0. 055 ***	-0. 174 ***	0. 203 ***	0. 286 ***	1	0. 401 ***	-0. 206 ***	-0. 015	0. 154 ***	0. 064 ***	0. 010
Pgrow	0. 001	-0. 012	-0. 009	-0. 006	0. 015	-0. 11 ***	-0. 591 ***	0. 495 ***	0. 047 ***	0. 216 ***	1	-0. 066 ***	-0. 041 **	0. 184 ***	-0. 016	0. 010
DC	-0. 023	-0. 022	0. 106 ***	0. 043 **	-0. 326 ***	-0. 102 ***	0. 244 ***	-0. 224 ***	-0. 041 **	-0. 168 ***	-0. 117 ***	1	0. 075 ***	-0. 034 *	-0. 002	0. 047 **

续表

变量	*Crime*	*Power*	*Audtr*	*Audwz*	*Size*	*Lev*	*Loss*	*ROA*	*Fgrow*	*Rgrow*	*Pgrow*	*DC*	*Ndts*	*Ocf*	*Idsame*	*Jshare*
Ndts	0. 058 ***	0. 047 **	-0. 062 ***	0. 029 *	-0. 057 ***	-0. 111 ***	0. 107 ***	-0. 063 ***	-0. 080 ***	-0. 023	-0. 077 ***	0. 006	1	0. 348 ***	0. 087 ***	-0. 002
Ocf	0. 049 ***	-0. 016	-0. 033 *	0. 001	0. 034 *	-0. 221 ***	-0. 186 ***	0. 373 ***	0. 014	0. 118 ***	0. 127 ***	-0. 104 ***	0. 317 ***	1	0. 043 **	0. 014
Idsame	0. 004	-0. 008	-0. 064 ***	-0. 019	-0. 015	0. 022	0. 031 *	0. 018	0. 024	0. 043 **	-0. 037 **	-0. 013	0. 064 ***	0. 057 ***	1	-0. 025
Jshare	-0. 034 *	-0. 064 ***	-0. 042 **	-0. 019	-0. 078 ***	-0. 120 ***	-0. 033 *	0. 101 ***	0. 025	-0. 002	0. 013	0. 016	-0. 053 ***	0. 032 *	0. 059 ***	1

注：左下角为 Pearson 相关系数，右上角为 Spearman 相关系数。*** 、** 和 * 分别表示在 0. 01、0. 05 和 0. 1 的水平上显著相关。

6.3.4 多元回归分析

表 6－4 列示了模型 6－1 和模型 6－2 的多元回归结果。从第（1）列可见，政府审计投入和管理层权力交乘（*Audtr* × *Power*）的回归系数为－0.029，在 1% 水平上显著为负。回归结果支持了本书的假设 6.1，表明审计投入力度越大，政府审计对管理层权力诱发高管侵占型职务犯罪的治理作用越强。第（2）列可见，政府审计问责和管理层权力交乘（*Audwz* × *Power*）的回归系数为－0.029，在 1% 水平上显著为负。回归结果支持了本书的假设 6.2，表明审计问责力度越大，政府审计对管理层权力诱发高管侵占型职务犯罪的治理作用越强。表 6－4 中的回归结果说明政府审计对管理层权力诱发高管侵占型职务犯罪存在显著治理作用。

表 6－4　政府审计治理管理层权力诱发高管侵占型职务犯罪

变量	(1) 模型 6－1		(2) 模型 6－2	
	系数	z 值	系数	z 值
Power	0.036***	7.214	0.036***	7.086
Audtr × *Power*	－0.029***	－2.801		
Audtr	－0.244	－0.942		
Audwz × *Power*			－0.029***	－2.665
Audwz			－0.462*	－1.820
Size	0.517***	7.061	0.514***	7.196
Lev	－1.111**	－2.072	－1.059**	－1.977
Loss	－0.008	－0.021	－0.020	－0.052
ROA	－8.255***	－3.512	－8.044***	－3.453
Fgrow	－0.011	－0.087	0.004	0.030
Rgrow	0.110	0.615	0.105	0.576

续表

变量	(1) 模型 6 - 1		(2) 模型 6 - 2	
	系数	z 值	系数	z 值
Pgrow	0.030	1.447	0.029	1.414
DC	-0.176	-0.108	-0.202	-0.129
Ndts	9.521 **	2.115	10.561 **	2.372
Ocf	3.622 ***	2.834	3.483 ***	2.775
Idsame	0.015	0.095	0.027	0.175
Jshare	-7.372 **	-2.351	-7.144 **	-2.389
Constant	-14.093 ***	-8.363	-13.872 ***	-8.501
年度	控制		控制	
行业	控制		控制	
Pseudo R^2	0.104		0.108	
N	4943		4943	

注：***、**、* 分别代表 0.01、0.05 和 0.1 水平上的显著性（双尾）。z 值均经过 robust 调整。

6.3.5 进一步测试

通过前文的实证分析可知，加大政府审计投入力度和政府审计问责力度可以对管理层权力诱发高管侵占型职务犯罪存在显著治理作用。为深入考察政府审计的治理作用，本书进一步检验政府审计对内部控制质量的提升作用（减少管理层权力诱发高管侵占型职务犯罪的内部机会），并进一步考察政府审计与制度环境、媒体监督、CPA 审计在治理管理层权力诱发高管侵占型职务犯罪方面是否存在互补效应或替代效应。

（1）内部控制质量。基于前文的机理分析，可知内部控制质量低下是管理层权力诱发高管侵占型职务犯罪的内部机会。因此，本书进一步地实证检验政府审计对内部控制质量的影响。借鉴张先治和戴文涛（2010）、郭军和赵息（2016）等研究经验构建OLS回归模型，使用迪博（DIB）内部控制与风险管理数据库的内部控制指数度量内部控制质量，对政府审计与内部控制质量的关系进行实证分析。回归结果列示于表6－5和表6－6。表6－5和表6－6的第（1）列至第（6）列分别对应了内部控制质量总指数以及控制环境、风险评估、控制活动、信息系统与沟通、内部监督五要素的子指数①。

表6－5的第（1）列显示，政府审计投入（*Audtr*）和内部控制质量（*IC*）的回归系数在1%水平上显著为正。第（2）列显示，政府审计投入（*Audtr*）和控制环境（IC_ kzhj）的回归系数在5%水平上显著为正。从第（3）列可见，政府审计投入（*Audtr*）和风险评估（IC_ fxpg）的回归系数在1%水平上显著为正。从第（4）列可见，政府审计投入（*Audtr*）和控制活动（IC_ kzhd）的回归系数在5%水平上显著为正。从第（5）列可见，政府审计投入（*Audtr*）和信息系统与沟通（IC_ xxygt）的回归系数在1%水平上显著为正。从第（6）列可见，政府审计投入（*Audtr*）和内部监督（IC_ nbjd）的回归系数在10%水平上显著为正。

表6－6的第（1）列显示，政府审计问责（*Audwz*）和内部控制质量（IC）的回归系数在1%水平上显著为正。从第（2）列可见，政府审计问责（*Audwz*）和控制环境（IC_ kzhj）的回归系数在10%水平上显著为正。从第（3）列可见，政府审计问责（*Audwz*）和风险评估（IC_ fxpg）的回归系数在1%水平上显著为正。

① 由于迪博（DIB）数据库未收录2007年之前的五要素数据，表6－5和表6－6中的第（1）列的样本观测值大于第（2）列至第（6）列的样本观测值。

表 6－5　　内部控制质量（1）

变量	(1) IC		(2) IC_ kzhj		(3) IC_ fxpg		(4) IC_ kzhd		(5) IC_ xxygt		(6) IC_ nbjd	
	系数	t 值	系数	t 值	系数	t 值	系数	t 值	系数	t 值	系数	t 值
Audtr	0. 114 ***	4. 918	0. 398 **	2. 357	0. 215 ***	2. 597	0. 281 **	2. 034	0. 193 ***	3. 218	0. 247 *	1. 907
Size	0. 054 ***	19. 998	0. 336 ***	5. 903	0. 182 ***	6. 980	0. 146 ***	3. 149	0. 065 ***	3. 169	0. 136 ***	3. 277
Lev	−0. 083 ***	−4. 681	−1. 447 ***	−3. 932	−0. 469 ***	−2. 818	−1. 294 ***	−4. 113	−0. 015	−0. 115	−0. 570 *	−1. 897
Loss	−0. 196 ***	−6. 964	−0. 309	−1. 206	−0. 088	−0. 742	−0. 331	−1. 529	0. 018	0. 195	−0. 222	−0. 938
ROA	0. 653 ***	7. 928	−0. 313	−0. 177	−0. 753	−0. 999	0. 649	0. 468	0. 224	0. 369	2. 999 **	2. 238
Fgrow	0. 013 ***	3. 915	0. 005	0. 052	0. 004	0. 091	0. 091	1. 009	−0. 023	−0. 660	0. 059	0. 800
Rgrow	0. 007	1. 365	−0. 002	−0. 012	0. 005	0. 068	−0. 133	−1. 113	0. 091	1. 546	0. 025	0. 249
Pgrow	−0. 003 ***	−3. 066	−0. 004	−0. 215	0. 003	0. 376	−0. 007	−0. 540	−0. 001	−0. 099	0. 003	0. 241
DC	−0. 182 ***	−3. 151	−1. 892 *	−1. 799	−1. 292 ***	−2. 701	−0. 440	−0. 483	−0. 727 **	−2. 052	−2. 335 **	−2. 535
Ndts	−0. 435 ***	−2. 873	−12. 665 ***	−3. 190	−4. 719 ***	−2. 656	−10. 618 ***	−3. 281	−4. 177 ***	−3. 004	−4. 113	−1. 431
Ocf	0. 095 ***	3. 290	0. 812	0. 928	0. 387	0. 930	0. 437	0. 660	0. 024	0. 078	−0. 161	−0. 252
Idsame	−0. 017 ***	−3. 423	0. 266 **	2. 297	0. 081	1. 517	0. 326 ***	3. 547	0. 023	0. 557	0. 209 ***	2. 580
Jshare	0. 012	0. 544	1. 759 **	2. 292	0. 281	0. 777	0. 832	1. 307	0. 763 ***	3. 333	−1. 959 ***	−2. 966
Constant	5. 445 ***	90. 843	−2. 236 *	−1. 730	−3. 296 ***	−5. 610	0. 367	0. 346	−0. 611	−1. 324	−1. 277	−1. 397
年度	控制		控制		控制		控制		控制		控制	
行业	控制		控制		控制		控制		控制		控制	
Adj R^2	0. 388		0. 455		0. 427		0. 227		0. 137		0. 478	
N	4943		3572		3572		3572		3572		3572	

注：***、**、* 分别代表 0. 01、0. 05 和 0. 1 水平上的显著性（双尾）。t 值均经过 robust 调整。

表 6-6　内部控制质量（2）

变量	（1）IC		（2）IC_ kzhj		（3）IC_ fxpg		（4）IC_ kzhd		（5）IC_ xxygt		（6）IC_ nbjd	
	系数	t 值	系数	t 值	系数	t 值	系数	t 值	系数	t 值	系数	t 值
Audwz	0. 108 ***	6. 476	0. 297 *	1. 777	0. 222 ***	2. 835	0. 235 *	1. 824	0. 171 ***	3. 081	0. 280 **	2. 447
Size	0. 054 ***	20. 162	0. 344 ***	6. 028	0. 186 ***	7. 122	0. 152 ***	3. 264	0. 069 ***	3. 376	0. 132 ***	3. 207
Lev	-0. 102 ***	-5. 632	-1. 487 ***	-4. 034	-0. 481 ***	-2. 879	-1. 316 ***	-4. 186	-0. 022	-0. 167	-0. 548 *	-1. 836
Loss	-0. 193 ***	-6. 834	-0. 298	-1. 159	-0. 082	-0. 688	-0. 323	-1. 490	0. 025	0. 276	-0. 227	-0. 961
ROA	0. 605 ***	7. 260	-0. 405	-0. 229	-0. 784	-1. 039	0. 596	0. 430	0. 203	0. 334	3. 048 **	2. 276
Fgrow	0. 011 ***	3. 222	0. 005	0. 052	0. 006	0. 130	0. 093	1. 025	-0. 020	-0. 570	0. 060	0. 809
Rgrow	0. 009 *	1. 764	0. 005	0. 029	0. 009	0. 120	-0. 128	-1. 072	0. 095	1. 619	0. 022	0. 219
Pgrow	-0. 003 ***	-2. 841	-0. 004	-0. 210	0. 003	0. 373	-0. 007	-0. 539	-0. 001	-0. 111	0. 003	0. 235
DC	-0. 153 ***	-2. 625	-1. 672	-1. 594	-1. 174 **	-2. 472	-0. 279	-0. 306	-0. 603 *	-1. 714	-2. 438 ***	-2. 660
Ndts	-0. 615 ***	-4. 157	-13. 078 ***	-3. 305	-4. 870 ***	-2. 758	-10. 863 ***	-3. 360	-4. 292 ***	-3. 095	-3. 899	-1. 360
Ocf	0. 099 ***	3. 375	0. 821	0. 937	0. 387	0. 930	0. 439	0. 663	0. 020	0. 067	-0. 167	-0. 260
Idsame	-0. 019 ***	-3. 999	0. 252 **	2. 180	0. 075	1. 400	0. 316 ***	3. 452	0. 017	0. 414	0. 216 ***	2. 674
Jshare	-0. 007	-0. 331	1. 715 **	2. 227	0. 264	0. 728	0. 805	1. 262	0. 749 ***	3. 259	-1. 937 ***	-2. 935
Constant	5. 438 ***	90. 250	-2. 300 *	-1. 773	-3. 324 ***	-5. 650	0. 325	0. 307	-0. 637	-1. 379	-1. 245	-1. 364
年度	控制		控制		控制		控制		控制		控制	
行业	控制		控制		控制		控制		控制		控制	
Adj R^2	0. 391		0. 454		0. 428		0. 226		0. 138		0. 478	
N	4943		3572		3572		3572		3572		3572	

注：***、**、* 分别代表 0. 01、0. 05 和 0. 1 水平上的显著性（双尾）。t 值均经过 robust 调整。

从第（4）列可见，政府审计问责（*Audwz*）和控制活动（IC_kzhd）的回归系数在10%水平上显著为正。从第（5）列可见，政府审计问责（*Audwz*）和信息系统与沟通（IC_ xxygt）的回归系数在1%水平上显著为正。从第（6）列可见，政府审计问责（*Audwz*）和内部监督（IC_ nbjd）的回归系数在5%水平上显著为正。

回归结果表明，政府审计投入力度和政府审计问责力度的加大对内部控制总质量和五要素质量的提升皆有所裨益。结合前文的机理分析，可知政府审计能够通过提升内部控制质量这一途径对管理层权力诱发高管侵占型职务犯罪产生治理作用。

（2）制度环境。政府审计治理作用的发挥依赖于制度环境（唐雪松等，2012；田开友和李西汾，2014）。陈丽红等（2016）从政府审计独立性视角阐述了制度环境对政府审计治理作用的影响，认为在制度环境质量较高的区域，地方政府较少干扰和妨碍审计机关的工作，地方政府审计人员保持了较强的独立性，因而能够提供高质量的审计服务。唐雪松等（2012）研究发现，市场在资源配置中所起作用的程度与审计结果的利用率存在正相关关系。宋常等（2006）认为，地区经济发展能够促进政府审计的执行力。据此，本书合理推想，在制度环境较好的地区，政府审计投入和政府审计问责对管理层权力诱发高管侵占型职务犯罪产生更显著的治理作用。然而，从政府审计需求视角来看，在制度环境越完善的地区，对地方国企高管公众受托责任履行情况的监督途径或手段更加丰富和有效，社会公众或政府对政府审计发挥作用的需求程度或依赖程度将会降低（卢洪友等，2011；张鼎祖和刘爱东，2015），制度环境与政府审计之间可能存在替代效应。为检验制度环境的地区差异对政府审计治理作用的影响，本书借鉴陈丽红等（2016）、刘慧龙和吴联生（2014）、张鼎祖和刘爱东（2015），使用地区市场化进程指数的子指标“中介组织的发育与法律制度环境指数”作为制度环境的替代指标（MKT）。如果企业所在地的中介组织的发育与法律制度环境指数大于年度中位数[①]，MKT取值1，否则取值0，继而将样本分为制度环境较好组（MKT=1）和制度环境较差组（MKT=0），并进行分组回归。中介组织的发育与法律制度环境指数的数据来源于樊纲、王小鲁和朱恒鹏编著的《中国分省份市场化指数报告（2011）》[②]以及王小鲁、樊纲和余静文编著的《中国分省份市场化指数报告（2016）》[③]。回归结果列示于表6-7。

研究结果显示，制度环境较好样本组（Panel A）中政府审计投入和管理层权力交乘（*Audtr × Power*）的回归系数在1%水平上显著为负，政府审计问责和管理层权力交乘（*Audwz × Power*）的回归系数在5%水平上显著为负。制度环境较差样本组（Panel B）中政府审计投入和管理层权力交乘（*Audtr × Power*）的回归系数方向为负，不具有显著性，政府审计问责和管理层权力交乘（*Audwz × Power*）的回归系数亦然。回归结果在一定程度上表明，政府审计投入和政府审计问责对管理层权力诱发高管侵占型职务犯罪的治理作用会在相对完善的制度环境下得到进一步强化，即制度环境和政府审计存在互补效应。

（3）媒体监督。依据媒体治理论，媒体监督程度高会促进政府审计的治理作用，抑制地方国企高管以权谋私。一方面，新闻媒体是一种有效的信息中介（Miller，2006），引导政府审计人员积极地搜集高管侵占型职务犯罪等重大违法违纪行为的证据（王

---

① 指31个省、自治区、直辖市的中介组织的发育与法律制度环境指数的年度中位数。

② 使用数据涵盖年份为2003—2007年。

③ 使用数据涵盖年份为2008—2014年，2015年的中介组织的发育与法律制度环境指数沿用2014年的数据。

表 6-7　　制度环境

变量	Panel A 制度环境较好组				Panel B 制度环境较差组			
	模型 6-1		模型 6-2		模型 6-1		模型 6-2	
	系数	z 值	系数	z 值	系数	z 值	系数	z 值
Power	0.039***	6.955	0.039***	6.824	0.036***	3.034	0.038***	3.449
Audtr × *Power*	-0.052***	-3.276			-0.002	-0.065		
Audtr	-0.306	-0.807			-0.033	-0.074		
Audwz × *Power*			-0.032**	-2.515			-0.041	-1.398
Audwz			-0.413	-1.324			-0.380	-0.814
Size	0.277***	3.046	0.260***	2.977	1.318***	8.549	1.339***	8.928
Lev	-0.026	-0.038	-0.025	-0.037	-5.249***	-4.555	-5.116***	-4.418
Loss	0.166	0.403	0.119	0.289	-0.573	-0.638	-0.597	-0.634
ROA	-6.011*	-1.950	-6.220**	-2.020	-17.767***	-4.211	-17.257***	-4.150
Fgrow	0.032	0.207	0.046	0.300	0.001	0.002	0.029	0.123
Rgrow	-0.074	-0.313	-0.079	-0.337	0.686**	2.016	0.679**	2.001
Pgrow	0.034	1.563	0.036	1.571	0.043	0.701	0.041	0.673
DC	0.243	0.125	-0.117	-0.062	-1.880	-0.796	-1.020	-0.447
Ndts	10.345**	1.994	11.621**	2.293	-4.562	-0.504	-3.939	-0.445
Ocf	2.382	1.581	2.220	1.502	6.072***	2.590	5.938**	2.563

续表

变量	Panel A 制度环境较好组				Panel B 制度环境较差组			
	模型6-1		模型6-2		模型6-1		模型6-2	
	系数	z值	系数	z值	系数	z值	系数	z值
Idsame	-0.192	-1.033	-0.163	-0.864	0.292	0.869	0.264	0.805
Jshare	-4.968***	-2.743	-4.889***	-2.776	-91.363	-1.405	-96.907	-1.366
Constant	-8.929***	-4.287	-8.289***	-4.126	-29.490***	-8.990	-30.051***	-9.330
年度	控制		控制		控制		控制	
行业	控制		控制		控制		控制	
Pseudo R^2	0.109		0.109		0.275		0.284	
N	3465		3465		1436		1436	

注：***、**、*分别代表0.01、0.05和0.1水平上的显著性（双尾）。z值均经过robust调整。

春飞和郭云南，2015）。另一方面，由于新闻媒体对政府审计工作的宣传以及相关政策的解读，社会公众对政府审计的认知程度和关注程度得到提升，政府审计机关为了维护客观公正专业的公共形象，将会尽力保证工作流程的合规性，提高自身的工作能力和专业素养（池国华等，2018），加大对高管侵占型职务犯罪进行查处的审计投入和审计问责。

然而，依据媒体有偏论，媒体监督程度高反而会干扰政府审计治理作用的正常发挥。媒体为了制造“吸引眼球”的效应，也许会刻意歪曲事实真相（Gentzkow 和 Shapiro，2006）。政府审计人员若被不实新闻误导，就会导致审计方向错误或审计效率低下。此外，国企高管的贪污、受贿等违法犯罪行为是社会公众关注的热点问题，社会公众的高度关注或许会对政府审计人员的独立性产生消极影响。

因此，在政府审计抑制管理层权力和治理高管侵占型职务犯罪方面，媒体监督对政府审计治理作用的影响具有复杂性，是个需要实证分析的问题。为检验这一问题，本书借鉴王会金和马修林（2017）、朱荣（2014），使用网络普及率（每万人中网民的数量）度量样本期间内企业所在地的媒体监督程度[①]（Media），若企业所在地网络普及率高于当年所有地区网络普及率的中位数，Media 取值 1，否则取值 0，进而进行分组检验。网络普及率的数据来源于中国互联网络信息中心发布的《中国互联网络发展状况统计报告》[②]。分组回归的结果列示于表 6 - 8。

① 新闻负面报道次数多，说明企业或企业高管自身存在的问题多或较严重，并不一定能代表媒体监督程度高，故本书未使用新闻负面报道次数度量媒体监督程度。

② 详见网址 http：//www. cnnic. net. cn/hlwfzyj/。

表 6-8　媒体监督

变量	Panel A 媒体监督程度较高				Panel B 媒体监督程度较低			
	模型 6-1		模型 6-2		模型 6-1		模型 6-2	
	系数	z 值	系数	z 值	系数	z 值	系数	z 值
Power	0.040 ***	6.956	0.040 ***	6.904	0.036 **	2.434	0.034 ***	2.597
Audtr × *Power*	-0.019 **	-2.270			-0.064	-1.310		
Audtr	-0.979	-1.585			0.306	0.664		
Audwz × *Power*			-0.027 **	-2.048			-0.073 **	-2.049
Audwz			-0.208	-0.692			-0.555	-0.814
Size	0.379 ***	4.361	0.369 ***	4.352	1.167 ***	5.610	1.111 ***	5.537
Lev	-0.182	-0.282	-0.189	-0.293	-5.244 ***	-3.937	-5.003 ***	-3.858
Loss	0.172	0.423	0.158	0.390	-1.299	-1.422	-1.283	-1.439
ROA	-5.188 *	-1.908	-5.179 *	-1.902	-26.166 ***	-3.707	-25.458 ***	-3.543
Fgrow	0.049	0.356	0.047	0.345	-0.098	-0.276	-0.064	-0.184
Rgrow	0.006	0.027	0.017	0.078	0.224	0.509	0.142	0.291
Pgrow	0.027	1.385	0.028	1.413	0.028	0.493	0.020	0.365
DC	-0.553	-0.280	-0.784	-0.404	-1.164	-0.305	-0.886	-0.275
Ndts	7.329	1.408	8.044	1.562	11.12	0.895	8.285	0.669
Ocf	2.855 **	2.014	2.730 *	1.946	8.441 **	2.249	8.310 **	2.323

续表

变量	Panel A 制度环境较好组				Panel B 制度环境较差组			
	模型 6－1		模型 6－2		模型 6－1		模型 6－2	
	系数	z 值	系数	z 值	系数	z 值	系数	z 值
Idsame	－0.045	－0.255	－0.027	－0.156	0.069	0.188	0.082	0.214
Jshare	－5.442***	－2.727	－5.456***	－2.769	－439.608***	－3.325	－462.578***	－3.504
Constant	－11.264***	－5.623	－10.860***	－5.533	－26.174***	－6.160	－25.126***	－6.039
年度	控制		控制		控制		控制	
行业	控制		控制		控制		控制	
Pseudo R^2	0.110		0.109		0.268		0.283	
N	3527		3527		1142		1142	

注：***、**、*分别代表0.01、0.05和0.1水平上的显著性（双尾）。z 值均经过 robust 调整。

研究结果显示，媒体监督程度较高样本组（Panel A）中政府审计投入和管理层权力交乘（*Audtr* × *Power*）的回归系数在 5% 水平上显著为负，政府审计问责和管理层权力交乘（*Audwz* × *Power*）的回归系数在 5% 水平上显著为负。媒体监督程度较低样本组（Panel B）中政府审计投入和管理层权力交乘（*Audtr* × *Power*）的回归系数方向为负，不具有显著性，政府审计问责和管理层权力交乘（*Audwz* × *Power*）的回归系数在 5% 水平上显著为负。由于两组样本中的政府审计问责和管理层权力交乘（*Audwz* × *Power*）的回归系数皆在 5% 水平上显著为负，为了进一步检验组间差异，本书进行了似无相关模型 Suest 检验①，检验结果表明此差异不具有显著性（$Chi^2 = 1.45$，$P = 0.229$）。这可能是由于审计结果和高管问责信息披露不充分或不及时影响了媒体监督作用的正常发挥。上述结果表明，政府审计投入对管理层权力诱发高管侵占型职务犯罪的治理作用会在媒体监督程度提高时得到进一步强化，而政府审计问责治理效应并没有受到媒体监督的显著影响。

（4）CPA 审计。地方国有上市公司不仅在财务收支和经济责任等方面接受政府审计，还要接受会计师事务所关于财务报表的 CPA 审计。政府审计和 CPA 审计在一定程度上存在协同效应（许汉友等，2018）。借助注册会计师的专业特长，政府审计机关可以加强对地方国有上市公司的审计监督工作（边帅等，2016），有效缓和政府审计对象全覆盖要求和审计资源相对缺乏的冲突（张爱勤，2010）。政府审计机关在对地方国有上市公司和企业负责人执行相关审计任务时，可以与负责该地方国企财务报表审计业务的注册会计师进行业务交流（吴秋生和杨瑞平，2007），深化了解被审企业的会计信息质量和内部控制质量，从虚假迹象或内控缺陷

---

①　Suest 检验方法详见：连玉君和廖俊平．如何检验分组回归后的组间系数差异？[J]．郑州航空工业管理学院学报．2017（35）：97—109。

等方面追根究底，揭露出高管利用职权侵占国有资产的违法行为，并对潜在的不法高管产生警示和威慑作用。据此，本书合理推想，当 CPA 审计质量较高时，政府审计对管理层权力诱发的高管侵占型职务犯罪产生更显著的治理作用。但另一方面，由于外部审计师的选择权实际掌握在高管手中（龚启辉等，2012），CPA 审计质量高一定程度上意味着企业发生高管侵占型职务犯罪的概率低，故政府审计的治理效应未必能够凸显。反之，当 CPA 审计质量较低时，政府审计可能对管理层权力诱发高管侵占型职务犯罪产生更为明显的抑制作用。为检验这一问题，本书借鉴 Craswell 等（1995）、Choi 和 Doogar（2005）的方法，使用会计师事务所行业专长度量 CPA 审计质量（Expert），计算会计师事务所的年度行业市场份额①，以 10% 为阀值设置 CPA 审计质量的哑变量。若会计师事务所的年度行业市场份额大于 10%，Expert 取值 1，否则取值 0，进而进行分组检验。CPA 审计质量的数据来源于国泰安（CSMAR）数据库。分组回归的结果列示于表 6 -9。

研究结果显示，CPA 审计质量较高样本组（Panel A）中政府审计投入和管理层权力交乘（$Audtr \times Power$）以及政府审计问责和管理层权力交乘（$Audwz \times Power$）的回归系数方向皆为负，不具有显著性。CPA 审计质量较低样本组（Panel B）中政府审计投入和管理层权力交乘（$Audtr \times Power$）的回归系数在 5% 水平上显著为负，政府审计问责和管理层权力交乘（$Audwz \times Power$）的回归系数亦然。上述结果表明，当 CPA 审计质量较低时，政府审计投入和政府审计问责对管理层权力诱发高管侵占型职务犯罪的治理作用更加明显，即政府审计与 CPA 审计存在替代效应。

① 会计师事务所在某一行业中的客户总资产的平方根之和与当年度该会计师事务所所有客户总资产的平方根之和的比值。

表 6－9　　CPA 审计

变量	Panel A CPA 审计质量较高				Panel B CPA 审计质量较低			
	模型 6－1		模型 6－2		模型 6－1		模型 6－2	
	系数	z 值	系数	z 值	系数	z 值	系数	z 值
Power	0. 080 *	1. 945	0. 131 **	2. 296	0. 036 ***	7. 105	0. 036 ***	6. 918
Audtr × Power	－0. 036	－0. 687			－0. 027 **	－2. 435		
Audtr	0. 657	0. 513			－0. 346	－1. 288		
Audwz × Power			－0. 249	－1. 529			－0. 027 **	－2. 318
Audwz			1. 106	1. 050			－0. 513 *	－1. 946
Size	－0. 161	－0. 317	－0. 189	－0. 407	0. 546 ***	7. 510	0. 539 ***	7. 630
Lev	0. 164	0. 074	0. 278	0. 141	－1. 015 *	－1. 844	－0. 935 *	－1. 704
Loss	－0. 995	－0. 650	－1. 573	－0. 892	0. 056	0. 142	0. 0460	0. 118
ROA	5. 473	0. 314	6. 809	0. 385	－8. 270 ***	－3. 530	－7. 969 ***	－3. 433
Fgrow	－0. 658	－1. 190	－0. 805	－1. 339	0. 010	0. 074	0. 028	0. 210
Rgrow	0. 107	0. 164	0. 109	0. 148	0. 047	0. 251	0. 040	0. 211
Pgrow	－0. 247	－1. 342	－0. 284	－1. 374	0. 044 **	2. 340	0. 043 **	2. 304
DC	－3. 908	－0. 465	－3. 124	－0. 402	0. 096	0. 058	0. 051	0. 032
Ndts	－108. 393 **	－2. 355	－104. 815 **	－2. 190	13. 427 ***	2. 865	14. 389 ***	3. 105
Ocf	－1. 017	－0. 205	－0. 472	－0. 081	3. 823 ***	2. 858	3. 653 ***	2. 774

续表

变量	Panel A CPA 审计质量较高				Panel B CPA 审计质量较低			
	模型 6 - 1		模型 6 - 2		模型 6 - 1		模型 6 - 2	
	系数	z 值	系数	z 值	系数	z 值	系数	z 值
Idsame	0.458	0.621	0.549	0.675	0.015	0.089	0.035	0.211
Jshare	-2.724	-0.604	-3.440	-0.663	-10.034*	-1.890	-9.287*	-1.947
Constant	2.587	0.275	2.843	0.338	-15.121***	-8.844	-14.831***	-9.006
年度	控制		控制		控制		控制	
行业	控制		控制		控制		控制	
Pseudo R^2	0.223		0.258		0.115		0.118	
N	382		382		4345		4345	

注：***、**、* 分别代表 0.01、0.05 和 0.1 水平上的显著性（双尾）。z 值均经过 robust 调整。

6.3.6　稳健性测试

为了增强研究结论的可靠性，本书从以下几个方面进行了稳健性测试。

（1）政府审计投入和政府审计问责滞后一期。政府审计的治理作用可能存在滞后性，因此，本部分使用滞后一期的政府审计投入（*Audtr_ lag*）和政府审计问责（*Audwz_ lag*），重新检验假设 6.1 和假设 6.2。本部分政府审计数据的涵盖期为 2002 年至 2014 年，回归结果列示于表 6 - 10。从该表可以看出，政府审计投入和管理层权力的交乘（*Audtr_ lag* × *Power*）以及政府审计问责和管理层权力的交乘（*Audwz_ lag* × *Power*）的回归系数均显著为负，与主测试的结果基本一致。

表 6 - 10　　政府审计投入和政府审计问责滞后一期

变量	(1) 模型 6 - 1		(2) 模型 6 - 2	
	系数	z 值	系数	z 值
Power	0. 037 ***	7. 385	0. 035 ***	7. 007
Audtr_ lag × *Power*	- 0. 042 ***	- 3. 433		
Audtr_ lag	- 0. 207	- 0. 870		
Audwz_ lag × *Power*			- 0. 026 **	- 2. 193
Audwz_ lag			- 0. 624 **	- 2. 324
Size	0. 519 ***	7. 071	0. 516 ***	7. 211
Lev	- 1. 124 **	- 2. 093	- 1. 073 **	- 2. 006
Loss	- 0. 008	- 0. 022	- 0. 022	- 0. 058
ROA	- 8. 285 ***	- 3. 529	- 8. 111 ***	- 3. 482
Fgrow	- 0. 011	- 0. 082	- 0. 009	- 0. 070
Rgrow	0. 117	0. 650	0. 105	0. 586
Pgrow	0. 030	1. 458	0. 029	1. 430

续表

变量	(1) 模型 6-1		(2) 模型 6-2	
	系数	z 值	系数	z 值
DC	-0.180	-0.109	-0.169	-0.109
Ndts	9.540 **	2.120	10.738 **	2.389
Ocf	3.599 ***	2.815	3.498 ***	2.774
Idsame	0.016	0.099	0.010	0.063
Jshare	-7.395 **	-2.356	-7.115 **	-2.398
Constant	-14.122 ***	-8.358	-13.993 ***	-8.573
年度	控制		控制	
行业	控制		控制	
Pseudo R^2	0.106		0.110	
N	4943		4943	

注：***、**、* 分别代表 0.01、0.05 和 0.1 水平上的显著性（双尾）。z 值均经过 robust 调整。

（2）替换政府审计投入和政府审计问责的度量方式。借鉴陈丽红等（2016）、李江涛等（2015）的研究方法，本部分使用经地区人口数调整的被审计单位数（*Audtr_ wj*）替换政府审计投入的度量方式，使用信息批示采用率①（*Audwz_ wj*）替换政府审计问责的度量方式，重新检验假设 6.1 和假设 6.2。回归结果列示于表 6-11。从该表可以看出，政府审计投入和管理层权力的交乘（*Audtr_ wj* × *Power*）以及政府审计问责和管理层权力的交乘（*Audwz_ wj* × *Power*）的回归系数均显著为负，与主测试的结果基本一致。

① 即被批示的报告、信息和被采纳的审计建议数之和占地方审计机关提交的报告、信息、建议总量之比。

表 6－11　　替换政府审计投入和政府审计问责的度量方式

变量	(1) 模型 6－1		(2) 模型 6－2	
	系数	z 值	系数	z 值
Power	0. 045 ***	7. 917	0. 045 ***	6. 840
Audtr_ wj × *Power*	－0. 032 ***	－3. 132		
Audtr_ wj	0. 458 **	2. 298		
Audwz_ wj × *Power*			－0. 019 **	－2. 213
Audwz_ wj			0. 858 ***	4. 781
Size	0. 515 ***	6. 944	0. 503 ***	6. 917
Lev	－1. 093 **	－2. 019	－0. 994 *	－1. 862
Loss	0. 004	0. 009	－0. 001	－0. 003
ROA	－7. 966 ***	－3. 396	－7. 679 ***	－3. 304
Fgrow	－0. 006	－0. 048	0. 000	0. 004
Rgrow	0. 122	0. 684	0. 111	0. 620
Pgrow	0. 028	1. 414	0. 031	1. 526
DC	－0. 234	－0. 147	－0. 264	－0. 166
Ndts	10. 281 **	2. 296	10. 356 **	2. 323
Ocf	3. 525 ***	2. 762	3. 454 ***	2. 738
Idsame	0. 036	0. 229	0. 039	0. 250
Jshare	－6. 585 **	－2. 422	－7. 587 **	－2. 499
Constant	－14. 387 ***	－8. 392	－14. 437 ***	－8. 667
年度	控制		控制	
行业	控制		控制	
Pseudo R^2	0. 104		0. 111	
N	4943		4943	

注：***、**、* 分别代表 0. 01、0. 05 和 0. 1 水平上的显著性（双尾）。z 值均经过 robust 调整。

（3）替换管理层权力的度量方法。主测试中的管理层权力采用金字塔控制链条的长度、股权制衡度、两职兼任、CEO 是否内部董事、CEO 任职时间和 CEO 学历情况求和均值表示。本部分改变其度量方式，使用主成分分析法（Principal Component Analysis）

获得管理层权力的指标（*Power_ pca*），重新检验假设 6. 1 和假设 6. 2。回归结果列示于表 6 – 12。从该表可以看出，政府审计投入和管理层权力的交乘（*Audtr* × *Power_ pca*）以及政府审计问责和管理层权力的交乘（*Audwz* × *Power_ pca*）的回归系数均显著为负，与主测试的结果一致。

表 6 – 12　　　　替换管理层权力的度量方法

变量	(1) 模型 6 – 1		(2) 模型 6 – 2	
	系数	z 值	系数	z 值
Power_ pca	1. 408 ***	7. 085	1. 458 ***	7. 623
Audtr × *Power_ pca*	– 0. 655 ***	– 2. 584		
Audtr	0. 161	0. 344		
Audwz × *Power_ pca*			– 0. 744 ***	– 3. 205
Audwz			– 0. 668	– 1. 275
Size	0. 524 ***	7. 084	0. 511 ***	7. 097
Lev	– 0. 999 *	– 1. 884	– 0. 872	– 1. 639
Loss	– 0. 025	– 0. 066	– 0. 010	– 0. 027
ROA	– 9. 174 ***	– 3. 811	– 8. 791 ***	– 3. 673
Fgrow	– 0. 029	– 0. 221	– 0. 016	– 0. 122
Rgrow	0. 151	0. 806	0. 140	0. 747
Pgrow	0. 029	1. 469	0. 030	1. 475
DC	– 0. 492	– 0. 297	– 0. 811	– 0. 501
Ndts	10. 378 **	2. 328	11. 146 **	2. 530
Ocf	3. 445 ***	2. 637	3. 332 ***	2. 588
Idsame	0. 014	0. 091	0. 030	0. 191
Jshare	– 9. 196 **	– 2. 216	– 8. 799 **	– 2. 270
Constant	– 13. 274 ***	– 7. 847	– 12. 953 ***	– 7. 871
年度	控制		控制	
行业	控制		控制	
Pseudo R^2	0. 122		0. 125	
N	4943		4943	

注：***、**、* 分别代表 0. 01、0. 05 和 0. 1 水平上的显著性（双尾）。z 值均经过 robust 调整。

（4）双向聚类处理。为缓解截面相关和时间序列相关的问题，本部分对模型6-1和模型6-2中各变量回归系数的标准误差在公司层面和年度层面进行双向聚类处理（two-way cluster），回归结果列示于表6-13。从该表可以看出，政府审计投入和管理层权力的交乘（*Audtr_ lag* × *Power*）以及政府审计问责和管理层权力的交乘（*Audwz_ lag* × *Power*）的回归系数均显著为负，与主测试的结果基本一致。

表6-13　　　　双向聚类处理

变量	(1) 模型6-1		(2) 模型6-2	
	系数	z值	系数	z值
Power	0.036 ***	3.190	0.036 ***	3.201
Audtr × *Power*	-0.029 **	-1.980		
Audtr	-0.244	-0.550		
Audwz × *Power*			-0.029 ***	-2.722
Audwz			-0.462	-1.108
Size	0.517 ***	3.254	0.514 ***	3.301
Lev	-1.111	-1.094	-1.059	-1.040
Loss	-0.008	-0.016	-0.020	-0.039
ROA	-8.255 **	-2.185	-8.044 **	-2.158
Fgrow	-0.011	-0.079	0.004	0.028
Rgrow	0.110	0.811	0.105	0.703
Pgrow	0.030	1.173	0.029	1.132
DC	-0.176	-0.054	-0.202	-0.064
Ndts	9.521	0.967	10.561	1.087
Ocf	3.622 **	2.428	3.483 **	2.415
Idsame	0.015	0.057	0.027	0.104
Jshare	-7.373	-1.247	-7.144	-1.263
Constant	-14.093 ***	-4.046	-13.872 ***	-4.083
年度	控制		控制	
行业	控制		控制	
Pseudo R^2	0.104		0.108	
N	4943		4943	

注：***、**、* 分别代表0.01、0.05和0.1水平上的显著性（双尾）。

（5）PSM 方法形成配对样本。在主测试中，本书使用 2003—2015 年地方国有上市公司的相关数据进行全样本检验。考虑到当年度发生了高管侵占型职务犯罪的企业（*Crime* = 1）和没有发生高管侵占型职务犯罪的企业（*Crime* = 0）在公司规模、资产负债率等方面的特征可能存在较大的差异，为了削弱 *Crime* 组别之间这些特征差异对研究结论可靠性的影响，本部分采用倾向得分匹配分析（Propensity Score Matching，简称 PSM）中的最邻近匹配法（Nearest Neighbor Matching，简称 NNM），对每一家犯罪样本公司寻找一家未发生高管侵占型职务犯罪的公司作为参照样本与之配对。具体做法详见第 5 章稳健性测试部分。使用配对样本重新检验假设 6.1 和假设 6.2，回归结果列示于表 6 – 14。从该表可以看出，政府审计投入和管理层权力的交乘（*Audtr_ lag* × *Power*）以及政府审计问责和管理层权力的交乘（*Audwz_ lag* × *Power*）的回归系数均显著为负，与主测试的结果基本一致。

表 6 – 14　　　　PSM 方法形成配对样本

变量	（1）模型 6 – 1		（2）模型 6 – 2	
	系数	z 值	系数	z 值
Power	0.053***	3.832	0.053***	3.851
Audtr × *Power*	–0.205**	–2.291		
Audtr	–2.022**	–2.482		
Audwz × *Power*			–0.180*	–1.784
Audwz			–2.016**	–2.348
Size	0.125	1.059	0.101	0.859
Lev	–0.367	–0.467	–0.180	–0.241
Loss	–0.159	–0.327	–0.107	–0.216
ROA	–3.667	–1.024	–3.441	–0.945

续表

变量	(1) 模型 6 - 1		(2) 模型 6 - 2	
	系数	z 值	系数	z 值
Fgrow	-0. 058	-0. 332	-0. 0200	-0. 114
Rgrow	0. 261	0. 924	0. 233	0. 824
Pgrow	-0. 023	-0. 731	-0. 0230	-0. 695
DC	-3. 008	-1. 597	-3. 130*	-1. 689
Ndts	-5. 715	-0. 904	-5. 804	-0. 922
Ocf	1. 171	0. 661	1. 094	0. 616
Idsame	-0. 017	-0. 074	-0. 014	-0. 061
Jshare	2. 655	0. 308	2. 747	0. 330
Constant	-1. 998	-0. 798	-1. 400	-0. 552
年度	控制		控制	
行业	控制		控制	
Pseudo R^2	0. 146		0. 148	
N	458		458	

注：***、**、* 分别代表 0. 01、0. 05 和 0. 1 水平上的显著性（双尾）。z 值均经过 robust 调整。

（6）替换极值处理方法。在主测试中，本书对所有连续变量在上下 1% 进行了缩尾处理，为避免极值处理方式对研究结论的影响，本部分对所有连续变量分别在上下 2% 进行缩尾处理以及上下 1% 进行截尾处理，并重新检验假设 6. 1 和假设 6. 2。回归结果列示于表 6 - 15。从该表可以看出，政府审计投入和管理层权力的交乘（*Audtr_ lag* × *Power*）以及政府审计问责和管理层权力的交乘（*Audwz_ lag* × *Power*）的回归系数均显著为负，与主测试的结果基本一致。

表 6－15　替换极值处理方法

变量	(1) 模型 6－1		(2) 模型 6－2		(3) 模型 6－1		(4) 模型 6－2	
	系数	z 值	系数	z 值	系数	z 值	系数	z 值
Power	0.063***	6.051	0.058***	6.262	0.066***	5.058	0.048***	4.265
Audtr × *Power*	－0.002**	－1.992			－0.003**	－2.292		
Audtr	－0.019	－1.213			－0.025	－1.307		
Audwz × *Power*			－0.000①*	－1.686			－0.000②*	－1.854
Audwz			0.000③	0.188			－0.000④	－0.035
Size	0.518***	6.853	0.520***	7.027	0.463***	5.459	0.462***	5.550
Lev	－1.061*	－1.865	－1.094**	－1.967	－0.218	－0.324	－0.229	－0.349
Loss	－0.103	－0.259	－0.112	－0.283	－0.022	－0.051	－0.026	－0.062
ROA	－10.337***	－3.597	－10.039***	－3.537	－9.409***	－2.839	－8.913***	－2.719
Fgrow	－0.087	－0.468	－0.062	－0.333	－0.221	－0.838	－0.195	－0.757
Rgrow	0.246	1.040	0.179	0.748	0.403	1.466	0.327	1.204

① 表格中的数值均保留三位小数，若保留五位数，*Audwz* × *Power* 的回归系数为 －0.00006。

② 若保留五位数，*Audwz* × *Power* 的回归系数为 －0.00005。

③ 若保留五位数，*Audwz* 的回归系数为 0.00009。

④ 若保留五位数，*Audwz* 的回归系数为 －0.00002。

续表

变量	(1) 模型6－1		(2) 模型6－2		(3) 模型6－1		(4) 模型6－2	
	系数	z值	系数	z值	系数	z值	系数	z值
Pgrow	0.037	1.189	0.035	1.133	0.011	0.378	0.008	0.288
DC	-0.003	-0.002	-0.347	-0.194	-0.268	-0.119	-0.818	-0.370
Ndts	9.588**	1.970	10.786**	2.210	13.546**	2.414	15.500***	2.792
Ocf	3.861***	2.776	3.730***	2.735	4.319***	2.675	4.072***	2.579
Idsame	0.045	0.287	0.059	0.377	0.013	0.073	0.020	0.112
Jshare	-9.061**	-2.473	-8.088**	-2.381	-5.368	-1.543	-4.703	-1.505
Constant	-13.880***	-7.779	-14.235***	-8.380	-13.210***	-6.407	-13.621***	-6.955
年度	控制		控制		控制		控制	
行业	控制		控制		控制		控制	
Pseudo R^2	0.112		0.110		0.116		0.107	
N	4943		4943		4133		4133	

注：***、**、*分别代表0.01、0.05和0.1水平上的显著性（双尾）。z值均经过robust调整。

6.4 本章小结

本章选取2003—2015年沪深两市的地方国有上市公司作为研究对象，选择经地方国有上市公司数调整的地方政府审计人员在编数度量政府审计投入以及经地区人口数调整的审计查出违规金额度量政府审计问责，运用Logit回归模型实证分析政府审计与管理层权力诱发高管侵占型职务犯罪之间的关系。研究结果显示：(1) 审计投入力度越大，政府审计对管理层权力诱发高管侵占型职务犯罪的治理作用越强。审计问责力度越大，政府审计对管理层权力诱发高管侵占型职务犯罪的治理作用越强。(2) 政府审计投入力度和政府审计问责力度的加大对内部控制总质量和五要素质量的提升皆有所裨益，能够减少管理层权力诱发高管侵占型职务犯罪的内部机会。政府审计投入和政府审计问责对管理层权力诱发高管侵占型职务犯罪的治理作用会在相对完善的制度环境下得到进一步强化，即制度环境和政府审计存在互补效应。政府审计投入对管理层权力诱发高管侵占型职务犯罪的治理作用会在媒体监督程度提高时得到进一步强化，而政府审计问责治理效应并没有受到媒体监督的显著影响。当CPA审计质量较低时，政府审计投入和政府审计问责对管理层权力诱发高管侵占型职务犯罪的治理作用更加明显，即政府审计与CPA审计存在替代效应。(3) 通过将政府审计投入和政府审计问责滞后一期、替换政府审计投入和政府审计问责的度量方式、替换管理层权力的度量方法、双向聚类处理、PSM方法形成配对样本、替换极值处理方法的稳健性测试，本书发现主测试的结论较为可靠。

第 7 章　研究结论、政策建议与研究展望

7.1　研究结论

本书以企业自主经营权扩大以来频繁发生的高管侵占型职务犯罪现象作为研究地方国企问题的一个切入视角，以政府审计作为影响管理层权力与高管侵占型职务犯罪关系的一个重要治理机制，选取 2003—2015 年沪深两市的地方国有上市公司作为研究对象，以规范分析和实证分析为工具，围绕管理层权力、政府审计和高管侵占型职务犯罪的三者关系展开理论研究和实证分析，最终形成如下研究结论。

7.1.1　关于管理层权力和高管侵占型职务犯罪的关系

研究结果显示：（1）限定其他条件，管理层权力越大，地方国有上市公司发生高管侵占型职务犯罪的可能性越大。原因在于，全民所有权虚置和委托代理链条多层级使我国地方国企的实际控制权集聚在管理层手中，在动机（压力）、机会和借口三方面因素依次作用下，管理层权力引发了高管实施侵占型职务犯罪这种权力寻租和利益攫取行为。管理层权力是促使地方国企高管实施侵

占型职务犯罪活动的动机（压力）来源，激发高管积极寻找或主动创造实施侵占型职务犯罪的机会，导致剩余控制权和剩余索取权不对等成为高管实施侵占型职务犯罪的借口。其中，从单一路径来看，在权力所形成的财富趋近压力状态下，地方国企高管盲目关注侵占型职务犯罪活动所产生的收益，低估潜在声誉风险和牢狱风险，压力膨胀使得高管实施侵占型职务犯罪的风险意识弱化，将财富需求转化为实际犯罪行为的动机形成。地方国企内外部监督不到位导致监管环境薄弱，为高管实施侵占型职务犯罪提供了有利的客观环境，高管进而可以利用权力干扰内部控制质量和任意支配自由现金流的使用，在企业内部主动创造寻租空间，形成实施侵占型职务犯罪的机会。管理层权力强化了地方国企高管的自尊意识，进而导致薪酬期望提高，而当高管的薪酬期望无法得到满足时，剩余控制权和剩余索取权不对等成为高管实施侵占型职务犯罪的借口。从管理层权力诱发高管侵占型职务犯罪的整体路径来看，首先是权力导致动机（压力）形成，然后高管为了释放压力进而寻找或创造机会，最后构思貌似合理化的借口。动机（压力）、机会和借口呈现出递进式影响高管“理性”决策是否实施侵占型职务犯罪。（2）女性高管利用权力实施侵占型职务犯罪的可能性比男性高管低，由于女性管理层具备风险规避特征，女性高管占比低会从动机方面强化管理层权力对高管侵占型职务犯罪的诱发作用。地区官员腐败程度越高，管理层权力诱发高管侵占型职务犯罪的可能性越大，即地区官员腐败的示范效应会从动机方面强化管理层权力对高管侵占型职务犯罪的诱发作用。（3）内部控制质量受到管理层权力的消极影响，且内部控制质量越低，从机会方面来看，管理层权力对高管侵占型职务犯罪的诱发作用越强。自由现金流越多，管理层权力诱发高管侵占型职务犯罪的可能性越大，即自由现金流量的增加会从机会方面强化管理层权力对高管侵占型职务犯罪的诱发作用。（4）无论是外部薪酬差距还是内部薪酬差距，薪酬差距越小会从借口方面强化管理层权力对高管侵占型职务犯罪的诱发作用。（5）管理层权力维度中的结构权力、所有权权力、声望权力更易诱发高管侵占型职务犯罪，而专家权力被用于生产经营活动的可能性要大于被用于侵占型职务犯罪活动。管理层权力对犯罪人数和犯罪金额有显著正向影响，而对犯罪罪名数的影响并不显著。高管侵占型职务犯罪是一种非生产性质的活动，会造成公司资产大量流失和掏空企业，此不法行径在被曝光之前就已经在悄然蚕食企业价值，这说明对高管侵占型职务犯罪加强治理有着现实的必要性和紧迫性。（6）通过替换管理层权力的度量方式、双向聚类处理、PSM 方法形成配对样本、替换极值处理方法的稳健性测试，本书发现主测试的结论较为可靠。

7.1.2　关于政府审计与管理层权力诱发高管侵占型职务犯罪之间的关系

研究结果显示：（1）审计投入力度越大，政府审计对管理层权力诱发高管侵占型职务犯罪的治理作用越强。审计问责力度越大，政府审计对管理层权力诱发高管侵占型职务犯罪的治理作用越强。原因在于，作为一种监督和制约机制，政府审计从管理层权力诱发高管侵占型职务犯罪路径的源头出发，着力于管理层权力寻租的动机和机会，对管理层权力诱发高管侵占型职务犯罪产生治理作用。其中，财务收支审计、任期经济责任审计和专项跟踪审计使所有国有资产、国有资源都在政府审计监督之下，政府审计揭露功能的发挥可以增大侵占型职务犯罪行为曝光的可能性，而政府审计惩处功能的发挥将给潜在不法高管造成“伸手必被捉”的巨大心理压力，从而强化高管的寻租风险意识和削弱管理层权力寻租的动机。政府审计通过关注地方国企内部控制的建立和运行情况，发现企业内部管理方面的漏洞并提出完善建议，可以提升内部控制质量，从企业内部压缩管理层权力寻租的空间，有效防止权力滥用和失控所导致的高管侵占型职务犯罪。基于法律法规的权威规定、我国中央机构和最高领袖的高度重视所保障的审计长效性，政府审计机关在组织、权力、工作、经费方面的超然独立性以及在审计方式、审计内容和审计方法上体现出的专业性，政府审计可以加强地方国企的外部监管环境，减少侵占型职务犯罪所需的外部机会。（2）政府审计投入力度和政府审计问责力度的加大对内部控制总质量和五要素质量的提升皆有所裨益，能够有效减少管理层权力诱发高管侵占型职务犯罪的内部机会。政府审计投入和政府审计问责对管理层权力诱发高管侵占型职务犯罪的治理作用会在相对完善的制度环境下得到进一步强化，即制度环境和政府审计存在互补效应。政府审计投入对管理层权力诱发高管侵占型职务犯罪的治理作用会在媒体监督程度提高时得到进一步强化，而政府审计问责治理效应并没有受到媒体监督的显著影响。当 CPA 审计质量较低时，政府审计投入和政府审计问责对管理层权力诱发高管侵占型职务犯罪的治理作用更加明显，即政府审计与 CPA 审计存在替代效应。（3）通过将政府审计投入和政府审计问责滞后一期、替换政府审计投入和政府审计问责的度量方式、替换管理层权力的度量方法、双向聚类处理、PSM 方法形成配对样本、替换极值处理方法的稳健性测试，本书发现主测试的结论较为可靠。

综上所述，本书在理论分析管理层权力诱发高管侵占型职务犯罪以及政府审计对其产生治理作用的基础上，以我国地方国有上市公司为样本，实证检验管理层权力、政府审计与高管侵占型职务犯罪三者之关联，以期有助于深化认识管理层权力，提升政府审计在微观企业层面的治理作用，推动高管侵占型职务犯罪的治理实践工作。

7.2　政策建议

基于本书的理论研究和实证检验结果，本书结合我国的相关制度背景提出如下政策建议：

第一，引导国企高管树立正确的权力运用观。侵占型职务犯罪本质上就是委托代理关系下管理层的权力滥用与权力寻租。因此，从源头上削弱管理层权力对高管侵占型职务犯罪的诱因，将是缓解国企高管贪污、受贿、挪用资产等问题的有效手段。本书发现管理层权力既是国企内部成员关系的组织属性，亦能激发高管的权力感知，权力感会使高管处于趋近财富的压力状态之下。趋近财富的方式虽然有奢靡在职消费、贪污受贿和资产挪用等侵占型职务犯罪的消极方式，但是也有努力工作等积极方式。建议在优化高管薪酬激励方案的基础上，国资委等相关监管机构积极引导国企高管树立正确的权力运用观，帮助其采取积极方式趋近财富和释放权力感知带来的压力，将权力转化为有利于公司赢利的关系性资源、商界精英关系网络、企业品牌知名度，从而实现企业价值与个人财富的共同增长。一方面，可采取组织报告会、讨论会、座谈会等方式督促国企高管加强思想政治方面的理论学习，提升其思想觉悟和精神修养。另一方面，综合考虑《国有企业领导人员廉洁从业若干规定》的内容以及企业组织架构的具体情况，建立国企权力清单制度，突出有权必有责、权责必一致的目标导向，将管理层集体责任和高管个人责任细化，划定权力边界，明确责任主体，促进管理层权力运行过程的规范化。

第二，积极探索高管侵占型职务犯罪风险导向的大数据审计模式。在稳步推进政府审计全覆盖的过程中，各级审计机关可利用大数据技术评估国企发生高管侵占型职务犯罪的风险程度，对国企及其高管进行风险评级，优先安排风险等级高的国企及其高管接受审计调查。本书发现：管理层权力中的结构权力、所有权权力、声望权力更易诱发高管侵占型职务犯罪；男性高管利用权力实施侵占型职务犯罪的可能性比女性高管更高；地区官员腐败程度越高，管理层权力诱发高管侵占型职务犯罪的可能性越大；内部控制质量越低，管理层权力诱发高管侵占型职务犯罪的可能性越大；自由现金流越多，管理层权力诱发高管侵占型职务犯罪的可能性越大；薪酬差距越小，管理层权力诱发高管侵占型职务犯罪的可能性越大。因此，建议将结构权力、所有权权力、声望权力、高管性别、地区官员腐败程度、内部控制质量、自由现金流量、薪酬差距纳入高管侵占型职务犯罪风险分析数据库，加快政府审计大数据平台的建立和共享，积极探索高管侵占型职务犯罪风险导向的大数据审计模式。

第三，加大政府审计投入力度和问责力度。政府审计是依据权力制约理论而产生的一种制度设计，对管理层权力诱发的高管侵占型职务犯罪存在治理功效。为了深化政府审计的治理功效，建议从以下方面加大政府审计投入力度和问责力度。首先，平稳拓展国企财务收支审计、高管经济责任审计的覆盖范围，切实做到对重点国企每年必须审计，对非重点国企一个周期内（两到三年）至少审计一次，对离任高管必须审计，对高管在任时必须审计一次，并将内部控制有效性纳入国企财务收支审计和高管经济责任审计的重点关注内容，对重大投资项目执行专项跟踪审计，逐步实现审计范围全覆盖。其次，建立与审计范围全覆盖制度相配套的审计经费保障机制。政府财政预算安排应充分考虑各级地方审计机关所需经费的增长情况，保证日常办公经费、审计外勤经费、专家经费和信息化系统运行维护费用等各项经费能够满足各级地方审计机关的需要。再次，努力推进政府审计人员职业化建设。扩大各级地方审计机关在编人员规模，提升审计人员的准入门槛，增加高水平培训机会，积极招揽和培养知识复合、能力复合、思维复合的综合型人才，从人力资源角度确保各审计项目的时间投入和人员专业胜任能力。最后，建立健全政府审计问责制度。应坚持将国企高管任内审计和离任审计相结合，将经济责任审计和企业审计相结合，坚决查处高管侵占型职务犯罪行为，落实查处违法违规金额的责任追究。完善审计报告公告制度，规范审计公告的形式、内容和程序，依法加大审计信息的公开力度。优化政府审计机关、纪检监察、司法部门的协调沟通机制，提高审计工作信息批示采用率和案件移送处理率。此外，为了促进政府审计更高效地治理管理层权力诱发的高管侵占型职务犯罪，还应进一步完善制度环境，尤其是减少政府对审计工作的干预、提升法制水平。完善媒体监督机制，加强政府审计与新闻媒体的互动。在政府审计资源紧张的时候注重利用 CPA 审计力量，化解有限审计资源与众多审计任务的矛盾。

7.3　研究展望

尽管笔者对管理层权力、政府审计和高管侵占型职务犯罪之间的关系进行了递进式的研究，取得了上述发现，但是受个人学识水平、数据获取的局限，本书仍存在不足，有待在将来的研究中不断改进。

其一，研究对象的拓展。本书将研究对象限定为 2003—2015 年期间曾经发生高管侵占型职务犯罪的地方国有上市公司，未将中央国有上市公司纳入研究范畴。后续研究中，我们可以通过查阅审计署官网发布的审计结果公告获取政府审计介入年度的数据，将其作为衡量政府审计的指标，从而突破本书实证检验章节所使用的政府审计省级面板数据与央企不匹配的限制，以期使本书研究结论更具代表性。

其二，研究指标的改进。本书管理层权力强度的衡量指标是由金字塔控制链条的长度、股权制衡度、两职兼任、CEO 是否内部董事、CEO 任职时间和 CEO 学历情况综合而成的指标，该指标本质上是权力的来源，并不是表现出来的权力，实际权力的强度可能会由于权力来源不同而产生差别。梳理清楚权力来源影响实际权力的传导路径将有助于优化管理层权力指标，进而能够提高管理层权力诱发高管侵占型职务犯罪这一结论的可靠性以及针对管理层权力的不同来源完善权力制约机制。

其三，研究视角的拓展。本书研究视角单一，从管理层权力出发研究高管侵占型职务犯罪的产生原因，从政府审计的视角研究高管侵占型职务犯罪（尤其是管理层权力所诱发的高管侵占型职务犯罪）的治理对策。后续研究可以考虑选择微观层面的管理层特征（气质倾向、社会网络关系、宗教信仰等）、中观层面的组织情境特征（管理思维和方法、企业文化等）和宏观层面的地区特征（经济和金融发展水平、风俗习惯等）作为研究高管侵占型职务犯罪的切入点，从而针对不同的犯罪诱因“对症下药”，探究更加有效和全面的治理方案。

参考文献

[1] 蔡春，陈晓媛．关于经济责任审计的定位、作用及未来发展之研究[J]．审计研究，2007（1）：10—14.

[2] 蔡春，李江涛．经济权力审计监控研究——审计理论研究的一个新领域[J]．审计与经济研究，2009（5）：3—8.

[3] 蔡利，马可哪呐．政府审计与国企治理效率——基于央企控股上市公司的经验证据[J]．审计研究，2014（6）：48—56.

[4] 陈冬华，陈信元，万华林．国有企业中的薪酬管制与在职消费[J]．经济研究，2005（2）：92—101.

[5] 陈刚．上行下效：高官腐败的示范效应研究[J]．经济社会体制比较，2013（2）：155—164.

[6] 陈海红，陈宋生，罗少东．政府审计提升投资效率研究[J]．中国审计评论，2014（2）：21—38.

[7] 陈丽红，张龙平，朱海燕．国家审计能发挥反腐败作用吗？[J]．审计研究，2016（3）：48—55.

[8] 陈宋生，董旌瑞，潘爽．审计监管抑制盈余管理了吗？[J]．审计与经济研究，2013（3）：10—20.

[9] 陈筱玥．政府审计监督对国企盈余管理行为的影响研究——以审计署公布的2011年财务收支审计国企上市公司为例[J]．赤峰学院学报（自然科学版），2014（9）：32—33.

[10] 陈信元，陈冬华，万华林等．地区差异、薪酬管制与高管腐败［J］．管理世界，2009（11）：130—143.

[11] 陈震，汪静．产品市场竞争、管理层权力与高管薪酬——规模敏感性［J］．中南财经政法大学学报，2014（4）：135—142 + 160.

[12] 成年，李岩梅，梁竹苑．权力的三种机制及其影响［J］．心理科学，2014（4）：1008—1015.

[13] 池国华，郭芮佳，王会金．政府审计能促进内部控制制度的完善吗？——基于中央企业控股上市公司的实证分析［J］．南开管理评论，2019（1）：31—41.

[14] 池国华，杨金，谷峰．媒体关注是否提升了政府审计功能？——基于中国省级面板数据的实证研究［J］．会计研究，2018（1）：53—59.

[15] 褚剑，方军雄．政府审计能提升中央企业内部控制有效性吗？［J］．会计与经济研究，2018（5）：18—39.

[16] 董延安．受托责任·审计·权力控制——审计对权力进行控制的动因分析［J］．当代财经，2007（5）：112—116.

[17] 樊纲，王小鲁，朱恒鹏．中国市场化指数——各地区市场化相对进程 2011 年报告［M］．北京：经济科学出版社，2011：23—98.

[18] 方军雄．高管权力与企业薪酬变动的非对称性［J］．经济研究，2011（4）：107—120.

[19] 冯殿美．关于职务犯罪的概念、特征和类型［J］．山东大学学报（哲学社会科学版），1999（3）：106—111.

[20] 傅颀，汪祥耀，路军．管理层权力、高管薪酬变动与公司并购行为分析［J］．会计研究，2014（11）：30—37.

[21] 干胜道，胡明霞．管理层权力、内部控制与过度投资——基于国有上市公司的证据［J］．审计与经济研究，2014（5）：40—47.

[22] 顾署生，刘杨晖．管理层权力、高质量审计与盈余价值相关性［J］．江西社会科学，2014（11）：209—213.

[23] 桂建平．对权力的监督和制约与国家审计职能定位研究［J］．审计研究，2004（4）：8—11.

[24] 郭军，赵息．高管权力、制度环境与内部控制缺陷 [J]. 系统工程，2016 (7)：73—77.

[25] 何国成．全面深化改革背景下国资国企审计的若干问题研究 [J]. 审计研究，2014 (6)：42—47.

[26] 和秀星，曹严礼．审计机关机构设置与审计质量：基于分权制衡理论视角的分析 [J]. 当代财经，2012 (6)：112—120.

[27] 胡贵安．试论国家审计权的特征 [J]. 审计研究，2010 (6)：66—68 + 76.

[28] 胡明霞，干胜道．管理层权力、内部控制与高管腐败 [J]. 中南财经政法大学学报，2015 (3)：87—93.

[29] 姜付秀，伊志宏，苏飞等．管理者背景特征与企业过度投资行为 [J]. 管理世界，2009 (1)：130—139.

[30] 金泽刚，于鹏．公司高管犯罪的现状、成因与对策思考——以上市公司高管人员犯罪为例 [J]. 社会科学，2009 (9)：87—98 + 190.

[31] 金泽刚，于鹏．上市公司高管犯罪问题研究 [J]. 证券法苑，2010 (1)：291—313.

[32] 黎文靖，岑永嗣，胡玉明．外部薪酬差距激励了高管吗？——基于中国上市公司经理人市场与产权性质的经验研究 [J]. 南开管理评论，2014 (4)：24—35.

[33] 黎文靖，卢锐．管理层权力与会计信息质量——来自中国证券市场的经验证据 [J]. 山西财经大学学报，2007 (8)：108—115.

[34] 李江涛，曾昌礼，徐慧．国家审计与国有企业绩效——基于中国工业企业数据的经验证据 [J]. 审计研究，2015 (4)：47—54.

[35] 李江涛，苗连琦，梁耀辉．经济责任审计运行效果实证研究 [J]. 审计研究，2011 (3)：24—30.

[36] 李坤．国家治理机制与国家审计的三大方向 [J]. 审计研究，2012 (4)：20—25.

[37] 李明，聂召．国家审计促进地方经济发展的作用研究——来自省级地方政府的经验证据 [J]. 审计研究，2014 (6)：36—41.

[38] 李若山，金彧昉，祁新娥．对当前我国企业舞弊问题的实证调查［J］．审计研究，2002（2）：17—22.

[39] 李胜楠，牛建波．高管权力研究的述评与基本框架构建［J］．外国经济与管理，2014（7）：3—13.

[40] 李世刚．女性高管、过度投资与企业价值——来自中国资本市场的经验证据［J］．经济管理，2013（7）：74—84.

[41] 李维安，张国萍．经理层治理评价指数与相关绩效的实证研究——基于中国上市公司治理评价的研究［J］．经济研究，2005（11）：87—98.

[42] 李维安．“问题高管”凸现公司治理风险［J］．南开管理评论，2005（1）：1.

[43] 李笑雪．经济责任审计治理权力“期权化”研究［J］．审计与经济研究，2016（1）：38—45.

[44] 李育红．公司治理结构与内部控制有效性——基于中国沪市上市公司的实证研究［J］．财经科学，2011（2）：69—75.

[45] 李增泉．激励机制与企业绩效——一项基于上市公司的实证研究［J］．会计研究，2000（1）：24—30.

[46] 梁芬莲，方进喜．国家审计对权力监督的特征与形式［J］．中国审计，2005（21）：32—33.

[47] 刘爱东，张鼎祖．中国地方审计机关效率测度与分析——基于1998—2009年的面板数据［J］．审计研究，2014（5）：60—67.

[48] 刘斌，刘星，李世新，何顺文．CEO薪酬与企业业绩互动效应的实证检验［J］．会计研究，2003（3）：35—39+65.

[49] 刘凤委，孙铮，李增泉．政府干预、行业竞争与薪酬契约——来自国有上市公司的经验证据［J］．管理世界，2007（9）：76—84+128.

[50] 刘家义．紧紧围绕主题主线切实履行审计职责为经济社会科学发展作出积极贡献——刘家义审计长在全国审计工作会议上的讲话［J］．审计研究，2011（1）：3—10.

[51] 刘雷，崔云，张筱．政府审计维护财政安全的实证研究［J］．审计研究，2014（1）：35—42.

［52］刘力云．国家审计在权力制约和监督中的作用［J］．中国内部审计，2013（10）：18—21．

［53］刘力云．论强化审计机关的国有企业审计职责［J］．审计研究，2005（4）：55—58．

［54］刘星，代彬，郝颖．高管权力与公司治理效率——基于国有上市公司高管变更的视角［J］．管理工程学报，2012（26）：1—12．

［55］刘焱，姚海鑫．高管权力、审计委员会专业性与内部控制缺陷［J］．南开管理评论，2014（2）：4—12．

［56］刘银国，张琛．自由现金流与在职消费——基于所有制和公司治理的实证研究［J］．经济与金融，2012（10）：18—58．

［57］刘泽照，梁斌．政府审计可以抑制腐败吗？——基于1999—2012年中国省级面板数据的检验［J］．上海财经大学学报，2015（1）：42—51．

［58］卢锐，魏明海，黎文靖．管理层权力、在职消费与产权效率——来自中国上市公司的证据［J］．南开管理评论，2008（5）：85—92．

［59］卢馨，方睿孜，郑阳飞．外部治理环境能够抑制企业高管腐败吗？［J］．经济与管理研究，2015（3）：30—39．

［60］卢馨，吴婷，张小芬．管理层权力对企业投资的影响［J］．管理评论，2014（8）：168—180．

［61］路军．女性高管抑制上市公司违规了吗？——来自中国资本市场的经验证据［J］．中国经济问题，2015（5）：66—81．

［62］罗富碧，冉茂盛，杜家廷．高管人员股权激励与投资决策关系的实证研究［J］．会计研究，2008（8）：69—76+95．

［63］吕长江，赵宇恒．国有企业管理者激励效应研究——基于管理者权力的解释［J］．管理世界，2008（11）：99—109．

［64］孟德斯鸠．论法的精神：上册［M］．北京：商务印书馆，1961：154—155．

［65］庞金勇，杨延村．上市公司高管职务经济犯罪与公司治理相关性研究［J］．科学经济社会，2007（2）：118—122．

［66］彭华彰，刘誉泽．论我国审计权的法律保障［J］．审计研究，2010

(1)：23—28.

[67] 彭韶兵，周兵．公共权力的委托代理与政府目标经济责任审计［J].会计研究，2009（6)：18—22 +96.

[68] 彭中文，刘韬．女性董事、债务融资与非效率投资——基于风险规避的视角［J].湘潭大学学报（哲学社会科学版)，2017（5)：71—76.

[69] 蒲丹琳，王善平．官员晋升激励、经济责任审计与地方政府投融资平台债务［J].会计研究，2014（5)：88—93.

[70] 戚振东，姜德波，施平．国家治理现代化建设中的国家审计发展创新——“国家审计与国家治理体系和治理能力现代化”论坛综述［J].经济研究，2015（1)：187—192.

[71] 戚振东，尹平．经济责任审计产生的动因和权力监督特征研究［J].审计研究，2013（1)：15—19 +27.

[72] 权小锋，吴世农，文芳．管理层权力、私有收益与薪酬操纵——来自中国国有上市企业的实证证据［J].经济研究，2010（11)：73—87.

[73] 任惠华，刘琦．“GONE 理论”视角下国企高管侵财型职务犯罪行为模式分析及治理［J].犯罪研究，2015（1)：13—20.

[74] 审计署济南特派办理论研究会课题组，刘璇，王贵安．全面深化改革背景下的国有企业审计研究［J].审计研究，2015（2)：36—41.

[75] 审计署科研所课题组．论国家审计对权力的监督［J].审计研究，2003(5)：22—26.

[76] 宋常，胡家俊，陈宋生．政府审计二十年来实践成果之经验研究［J].审计研究，2006（3)：33—37.

[77] 宋达，郑石桥．政府审计对预算违规的作用：抑制还是诱导？［J].审计与经济研究，2014（6)：14—22.

[78] 孙健，卢闯．高管权力、股权激励强度与市场反应［J].中国软科学，2012（4)：135—142.

[79] 唐雪松，罗莎，王海燕．市场化进程与政府审计作用的发挥［J].审计研究，2012（3)：25—31.

[80] 王兵，鲍国明．国有企业内部审计实践与发展经验［J].审计研究，

2013（2）：76—81.

[81] 王兵，鲍圣婴，阚京华．国家审计能抑制国有企业过度投资吗？[J]．会计研究，2017（9）：83—89+97.

[82] 王海明，曾德明．过度自信对企业投资行为影响研究——基于CEO权力调节效应视角[J]．湖南大学学报（自然科学版），2012，39（11）：99—103.

[83] 王会金，马修林．政府透明度、媒体监督与政府审计绩效——基于省级面板数据的经验研究[J]．南京审计大学学报，2017（3）：86—94.

[84] 王克敏，王志超．高管控制权、报酬与盈余管理——基于中国上市公司的实证研究[J]．管理世界，2007（7）：111—119.

[85] 王荣利．2011年度中国企业家犯罪报告[J]．法人，2012（2）：14—26.

[86] 王守海，杨亚军．内部审计质量与审计费用研究——基于中国上市公司的证据[J]．审计研究．2009（5）：65—73.

[87] 王小鲁，樊纲，余静文．中国分省份市场化指数报告（2016）[M]．北京：社会科学文献出版社，2017：214—225.

[88] 王烨，叶玲，盛明泉．管理层权力、机会主义动机与股权激励计划设计[J]．会计研究，2012（10）：35—41.

[89] 王长友，戚艳霞．国外国有企业审计情况与借鉴[J]．审计研究，2016（3）：17—25.

[90] 韦德洪，覃智勇，唐松庆．政府审计效能与财政资金运行安全性关系研究[J]．审计研究，2010（3）：9—14.

[91] 巫景飞，何大军，林日韦等．高层管理者政治网络与企业多元化战略：社会资本视角——基于我国上市公司面板数据的实证分析[J]．管理世界，2008（8）：107—118.

[92] 吴一平，芮萌．地区腐败、市场化与中国经济增长[J]．管理世界，2010（11）：10—17+27.

[93] 吴作凤．管理层权力、产权性质与股权激励契约设计[J]．财经理论与实践，2014（6）：53—58.

[94] 伍利娜．国企监事会监督条件下政府审计发展方向研究[J]．审计研

究，2008（1）：31—34.

[95] 谢柳芳，韩梅芳. 政府财政信息披露在国家审计服务国家治理中的作用路径研究［J］. 审计研究，2016（3）：63—70.

[96] 谢盛纹，蒋煦涵，闫焕民. 高质量审计、管理层权力与代理成本［J］. 当代财经，2015（3）：109—118.

[97] 辛清泉，林斌，王彦超. 政府控制、经理薪酬与资本投资［J］. 经济研究，2007（8）：110—122.

[98] 徐细雄，刘星. 放权改革、薪酬管制与企业高管腐败［J］. 管理世界，2013（3）：119—132.

[99] 徐细雄，谭瑾. 制度环境、放权改革与国企高管腐败［J］. 经济体制改革，2013（2）：25—28.

[100] 许汉友，徐香，朱鹏媛. 政府审计对 CPA 审计效率提升有传导效应吗？——基于国有控股上市公司审计的经验数据［J］. 审计研究，2018（3）：19—27.

[101] 杨林. 创业型企业高管团队垂直对差异与创业战略导向：产业环境和企业所有制的调节效应［J］. 南开管理评论，2014（1）：134—144.

[102] 杨茁. 政府审计在国有企业改革中的职能弱化及其修正和创新［J］. 审计研究，2007（2）：21—23.

[103] 余玉苗. 我国国有企业审计中的几个问题研究［J］. 武汉大学学报（社会科学版），2001（1）：81—86.

[104] 曾威. 不对称信息下国企高管激励与腐败治理机制研究［J］. 财经问题研究，2013（12）：126—131.

[105] 翟胜宝，徐亚琴，杨德明. 媒体能监督国有企业高管在职消费么？［J］. 会计研究，2015（5）：57—63 + 95.

[106] 张鼎祖和刘爱东. 制度环境、政府间竞争与地方审计机关效率分析——基于省际面板数据的空间计量分析［J］. 会计研究，2015（3）：87—95.

[107] 张军，王祺. 权威、企业绩效与国有企业改革［J］. 中国社会科学，2004（5）：106—116 + 207.

[108] 张丽平，杨兴全．管理者权力、管理层激励与过度投资［J］．软科学，2012（10）：107—112.

[109] 张鸣，郭思永．高管薪酬利益驱动下的企业并购——来自中国上市公司的经验证据［J］．财经研究，2007（12）：103—113.

[110] 张萍，徐巍．高管联结影响企业内部控制质量吗？——来自中国上市公司的经验证据［J］．商业经济与管理，2016（4）：79—89.

[111] 张蕊，陈剑洪．基于会计视角的国企高管侵占型职务犯罪的特征分析及其防范［J］．当代财经，2013（4）：113—118.

[112] 张蕊，管考磊．高管薪酬差距会诱发侵占型职务犯罪吗？［J］．会计研究，2016（9）：113—118.

[113] 张蕊．基于“欺诈三角理论”的国有企业高管侵占型职务犯罪成因分析［J］．当代财经，2012（5）：106—111.

[114] 张蕊．企业高管侵占型职务犯罪的会计调查及防范［J］．会计研究，2011（11）：35—39.

[115] 张蕊．我国企业高管侵占型职务犯罪的机理研究［J］．经济管理，2011（10）：135—139.

[116] 张铁铸，沙曼．管理层能力、权力与在职消费研究［J］．南开管理评论，2014，17（5）：63—72.

[117] 张玮倩，方军雄．地区腐败、企业性质与高管腐败［J］．会计与经济研究，2016（3）：3—24.

[118] 张先治，戴文涛．公司治理结构对内部控制影响程度的实证分析［J］．财经问题研究，2010（7）：89—95.

[119] 张先治，蒋美华．国有企业改制中的政府审计问题研究［J］．财经问题研究，2008（3）：82—87.

[120] 张亦春，李晚春，彭江．债权治理对企业投资效率的作用研究——来自中国上市公司的经验证据［J］．金融研究，2015（7）：190—203.

[121] 赵璨，朱锦余，曹伟．高薪能够养廉么？——来自中国国有上市公司的实证证据［J］．中国会计评论，2013（4）：491—512.

[122] 赵刚，梁上坤，王卫星．超募融资、管理层权力与私有收益——基于

IPO 市场的经验证据［J］. 会计研究，2017（04）：31—37 +95.

［123］赵青华，黄登仕. 高管权力与股票期权计划实证研究［J］. 重庆大学学报（社会科学版），2013（3）：65—72.

［124］赵息，许宁宁. 管理层权力、机会主义动机与内部控制缺陷信息披露［J］. 审计研究，2013（4）：101—109.

［125］赵息，张西栓. 内部控制、高管权力与并购绩效——来自中国证券市场的经验证据［J］. 南开管理评论，2013，16（2）：75—81.

［126］赵震宇，杨之曙，白重恩. 影响中国上市公司高管层变更的因素分析与实证检验［J］. 金融研究，2007（8）：76—89.

［127］郑石桥. 政府审计对公共权力的制约与监督：基于信息经济学的理论框架［J］. 审计与经济研究，2014（1）：11—18.

［128］周冬华. CEO 权力、董事会稳定性与盈余管理［J］. 财经理论与实践，2014（6）：45—52 +58.

［129］周美华，林斌，林东杰. 管理层权力、内部控制与腐败治理［J］. 会计研究，2016（3）：56—63 +96.

［130］周微，刘宝华，唐嘉尉. 非效率投资、政府审计与腐败曝光——基于央企控股上市公司的经验证据［J］. 审计研究，2017（5）：46—53.

［131］周泽将，刘中燕，胡瑞. CEO VS CFO：女性高管能否抑制财务舞弊行为［J］. 上海财经大学学报，2016（1）：50—63.

［132］朱荣. 政府审计提升政府透明度的实证研究［J］. 审计与经济研究，2014（3）：23—30.

［133］祝继高，叶康涛，严冬. 女性董事的风险规避与企业投资行为研究——基于金融危机的视角［J］. 财贸经济，2012（9）：50—58.

［134］Abbott L. J., Parker S., Presley T. J. Female Board Presence and the Likelihood of Financial Restatement［J］. *Accounting Horizons*, 2012, 26（4）：607 - 629.

［135］Adams R. B., Almeida H., Ferreira D. Powerful CEOs and Their Impact on Corporate Performance［J］. *Review of Financial Studies*, 2005, 18（4）：1403 - 1432.

[136] Aghion P., Bolton P. An Incomplete Contracts Approach to Financial Contracting [J]. *Review of Economic Studies*, 1992, 59 (3): 472-494.

[137] Ali A., Zhang W. CEO Tenure and Earnings Management [J]. *Journal of Accounting and Economics*, 2015, 59 (1): 60-79.

[138] Anderson C., Oliver J. P., Keltner D. The Personal Sense of Power [J]. *Journal of Personality*, 2012, 80 (2): 313-344.

[139] Baker T. A, Lopez T. J., Reitenga A. L., et al. The Influence of CEO and CFO Power on Accruals and Real Earnings Management [J]. *Review of Quantitative Finance and Accounting*, 2019, 52 (1): 325-345.

[140] Baldenius, T., Melumad N., Meng X. Board Composition and CEO Power [J]. *Journal of Financial Economics*, 2014, 112 (1): 53-68.

[141] Beasley M. S. An Empirical Analysis of the Relation Between Board of Director Composition and Financial Statement Fraud [J]. *The Accounting Review*, 1996, 10 (1): 443-465.

[142] Beatty R., Zajac E. Managerial Incentives, Monitoring, and Risk Bearing: A Study of Executive Compensation, Ownership and Board Structure in Initial Public Offerings [J]. *Administrative Science Quarterly*, 1994, 39 (2): 313-335.

[143] Bebchuk L. A., Cremers M., Peyer U. CEO Centrality [R]. http://papers.ssrn.com/abstract=1030107, 2007.

[144] Bebchuk L. A., Fried J. M. Stealth Compensation via Retirement Benefits [J]. *BBLJ*, 2004, 2 (1): 291-326.

[145] Bebchuk, L. A., Fried J. M. Managerial Power and Rent Extraction in the Design of Executive Compensation [J]. *University of Chicago Law Review*, 2002, 69 (3): 751-795.

[146] Bolton, P., Scheinkman, J., Xiong W. Executive Compensation and Short-term Behavior in Speculative Markets [J]. *Review of Eonomic Studies*, 2006, 73 (1): 577-610.

[147] Cang Y., Chu Y., Lin T. W. An Exploratory Study of Earnings Manage-

ment Detectability, Analyst Coverage and the Impact of IFRS Adoption: Evidence from China [J]. *Journal of Accounting and Public Policy*, 2014, 33 (4): 356-371.

[148] Chen Y. L., Liu M., Su J. Greasing the Wheels of Bank Lending [J]. *Journal of Banking and Finance*, 2013, 37 (7): 2533-2545.

[149] Cheng S. Managerial Entrenchment and Loss-shielding in Executive Compensation [R]. University of Michigan Working Paper, 2005.

[150] Cheng S., Indjejikian R. Managerial Influence and CEO Performance Incentives [J]. *International Review of Law and Economics*, 2009, 29 (2): 115-126.

[151] Cheng S. J. Board Size and the Variability of Corporate Performance [J]. *Journal of Financial Economics*, 2008, 87 (1): 157-176.

[152] Chintrakarn P., Jiraporn P., Tong S. How do Powerful CEOs View Corporate Risk-taking? Evidence from the CEO Pay Slice (CPS) [J]. *Applied Economics Letters*, 2015, 22 (2): 104-109.

[153] Choi J. H., Doogar R. Auditor Tenure and Audit Quality: Evidence from Going-concern Qualifications Issued During 1996—2001 [J]. *Hong Kong University of Science and Technology*, 2005, 46 (5): 39-67.

[154] Claessens S. Disentangling the Incentive and Entrenchment Effects of Large Shareholdings [J]. *Journal of Finance*, 2002, 57 (6): 2741-2771.

[155] Combs J. G., Skill M. S. Managerialist and Human Capital Explanations for Key Executive Pay Premiums: A Contingency Perspective [J]. *Academy of Management Journal*, 2003, 46 (1): 63-73.

[156] Cormier D., Lapointe A. P., Magnan M. CEO Power and CEO Hubris: A Prelude to Financial Misreporting? [J]. *Management Decision*, 2016, 54 (2): 522-554.

[157] Craswell A., Francis J., Taylor S. Auditor Brand Name Reputations and Industry Specializations [J]. *Journal of Accounting and Economics*, 1995, 20 (3): 297-322.

[158] Dalton D., Kesner I. Composition and CEO Duality in Boards of Directors: An International Perspective [J]. *Journal of International Business Studies*, 1987, 18 (3): 33-42.

[159] DeBoskey D G, Luo Y, Zhou L. CEO Power, Board Oversight and Earnings Announcement Tone [J]. *Review of Quantitative Finance and Accounting*, 2019, 52 (2): 657-680.

[160] Denis D. J., Denis D. K., Sarin A. Ownership Structure and Top Executive Turnover [J]. *Journal of Financial Economics*, 1997, 45 (2): 193-221.

[161] Depue R. A. Neurobiological Factors in Personality and Depression [J]. *European Journal of Personality*, 1995, 9 (5): 413-439.

[162] Dikolli S. S., Diser V, Hofmann C., et al. CEO Power and Relative Performance Evaluation [J]. *Contemporary Accounting Research*, 2018, 35 (3): 1279-1296.

[163] Dong B., Torgler B. Corrutption and Social Interaction: Evidence from China [J]. *Journal of Policy Modeling*, 2012, 34 (4): 932-947.

[164] Dyck A., Zingales L. Private Benefits of Control [J]. *The Journal of Finance*, 2004, 59 (2): 537-600.

[165] Emerson R. M. Power-dependence Relations [J]. *American Sociological Review*, 1962, 27 (1): 31-41.

[166] Eric Van den Steen. Disagreement and the Allocation of Control [J]. *Economics and Organization*, 2010, 26 (2): 385-426.

[167] Fan J. P. H., Wong T. J., Zhang T. Y. Institutions and Organizational Structure: the Case of State-owned Corporate Pyramids [J]. *Journal of Law Economics & Organization*, 2013, 29 (6): 1217-1252.

[168] Fast N. J., Gruenfeld D. H., Sivanathan N., et al. Illusory Control: A Generative Force behind Power's Far Reaching Effects [J]. *Psychological Science*, 2009, 20 (4): 502-508.

[169] Finkelstein S. Power in Top Management Teams: Dimensions, Measure-

ment, and Validation [J]. *Academy of Management Journal*, 1992, 35 (3): 505-538.

[170] Fissman R., Gatti R. Decentralization and Corruption: Evidence across Countries [J]. *Journal of Public Economics*, 2002, 83 (3): 325-545.

[171] Fissman R., Svensson J. Are Corruption and Taxation Really Harmful to Growth [J]. *Journal of Development Economics*, 2007, 83 (1): 63-75.

[172] Francis B., Hasan I., Park J. C., et al. Gender Differences in Financial Reporting Decision-making: Evidence from Accounting Conservatism [J]. *Contemporary Accounting Research*, 2014, 32 (3): 1285-1381.

[173] Fredrickson J., Hambrick D., Baumrin S. A Model of CEO Dismissal [J]. *Academy of Management Review*, 1988, 13 (2): 255-270.

[174] Galema R., Lensink R., Mersland R. Do Powerful CEOs Determine Microfinance Performance? [J]. *Journal of Management Studies*, 2012, 49 (4): 718-742.

[175] Galinsky A. D., Gruenfeld D. H., Magee J. C. From Power to Action [J]. *Journal of Personality and Social Psychology*, 2003, 85 (3), 453-466.

[176] Gentzkow M., Shapiro J. M. Media Bias and Reputation [J]. *Journal of Political Economy*, 2006, 114 (2): 280-316.

[177] Graham J. R., Lemmon M. L., Wolf J. Does Corporate Diversification Destroy Value [J]. *The Journal of Finance*, 2002, 57 (2): 695-720.

[178] Grinstein Y., Hiribar P. CEO Compensation and Incentiveses: Evidence from M&A Bonuses [J]. *Journal of Financial Economics*, 2004, 73 (1): 119-143.

[179] Gulamhussen M. A., Santos S. M. Women in Bank Boardrooms and Their Influence on Performance and Risk-Taking [R]. SSRN Working Paper, 2010.

[180] Gupta V. K., Han S., Nanda V., et al. When Crisis Knocks, Call A Powerful CEO (or not): Investigating the Contingent Link between CEO

Power and Firm Performance during Industry Turmoil [J]. *Group & Organization Management*, 2018, 43 (6): 971 - 998.

[181] Haleblian J., Finkelstein S. Top Management Team Size, CEO Dominance, and Firm Performance: the Moderating Roles of Environmental Turbulence and Discretion [J]. *The Academy of Management Journal*, 1993, 36 (4): 844 - 863.

[182] Hambrick D. C., Humphrey S. E., Gupta A. Structural Interdependence within Top Management Teams: A Key Moderator of Upper Echelons Predictions [J]. *Strategic Management Journal*, 2015, 36 (3): 449 - 461.

[183] Harford J., Li K. Decoupling CEO Wealth and Firm Performance: the Case of Acquiring CEOs [J]. *Journal of Finance*, 2007, 62 (2): 917 - 949.

[184] Hart O. Financial Contracting [J]. *Journal of Economic Literature*, 2001, 39 (4): 1070 - 1100.

[185] Hart O., Moore J. Contracts as Reference Points [J]. *The Quarterly Journal of Economics*, 2008, 123 (1): 1 - 48.

[186] Hartzell J. C., Ofek E. What's in It for Me? CEOs Whose Firms are Acquired [J]. *Review of Financial Studies*, 2004, 17 (1): 37 - 61.

[187] Hayward M., Hambrick D. Explaining the Premiums Paid for Large Acquisitions: Evidence of CEO Hubris [J]. *Administrative Science Quarterly*, 1997, 42 (1): 103 - 127.

[188] Healy P. M., Wahlen J. M. A Review of the Earnings Management Literature and its Implications for Standards Setting [J]. *Accounting Horizons*, 1999, 13 (4): 365 - 383.

[189] Hengartner L. Explaining Executive Pay: the Roles of Managerial Power and Complexity [R]. Berlin Springer, 2006.

[190] Henrich J., Gil-White F. J. The Evolution of Prestige: Freely Conferred Deference as a Mechanism for Enhancing the Benefits of Cultural Transmission [J]. *Evolution and Human Behavior*, 2001, 22 (3): 165 - 196.

[191] Hermalin B., Weisbach M. The Determinants of Board Composition [J].

The Rand Journal of Economics, 1988, 19 (4): 589 - 606.

[192] Hirsch R., Watson S. The Link between Corporate Governance and Corruption in New Zealand [J]. *New Zealand Universities Law Review*, 2010, 24 (1): 42 - 78.

[193] Houston J. F., Lin C., Ma Y. Media Ownership, Concentration and Corruption in Bank Lending [J]. *Journal of Financial Economics*, 2011, 100 (2): 326 - 350.

[194] Huang L. J., Snell R. S. Turnaround Corruption and Mediocrity [J]. *Journal of Business Ethics*, 2003, 43 (12): 111 - 124.

[195] Inesi M. E. Power and Loss Aversion [J]. *Organizational Behavior and Human Decision Processes*, 2010, 112 (1): 58 - 69.

[196] Jensen M. Agency Costs of Free Fash Flow, Corporate Finance and Takeover [J]. *American Economic Review*, 1986, 76 (2): 323 - 329.

[197] Jensen M. C., Meckling W. Theory of the Firm: Managerial Behavior, Agency Cost and Ownership Structure [J]. *Journal of Financial Economics*, 1976, 3 (4): 305 - 360.

[198] Jiraporn, P., Chintrakarn P. How do Powerful CEOs View Corporate Social Responsibility (CSR)? An Empirical Note [J]. *Economics Letters*, 2013, 119 (3): 344 - 347.

[199] Keltner D., Gruenfeld D. H., Anderson C. Power, Approach, and inhibition [J]. *Psychological Review*, 2003, 110 (2): 265 - 284.

[200] Kim E. H., Lu Y. Is Chief Executive Officer Power Bad? [J]. *Asia-Pacific Journal of Financial Studies*, 2011, 40 (4): 495 - 516.

[201] Kim H., Kwak B., Lim Y., et al. Audit Committee Accounting Expertise, CEO Power and Audit Pricing [J]. *Asia-Pacific Journal of Accounting & Economics*, 2017, 24 (34): 421 - 439.

[202] Krueger A. O. The Political Economy of the Rent-Seeking Society [J]. *American Economic Review*, 1974, 64 (3): 291 - 303.

[203] Lambert R., Larcker D., Weigelt K. The Structure of Organizational Incen-

tives [J]. *Administrative Science Quarterly*, 1993, 38 (3): 438-461.

[204] Lewellyn K. B., Fainshmidt S. Effectiveness of CEO Power Bundles and Discretion Context: Unpacking the "Fuzziness" of the CEO Duality Puzzle [J]. *Organization Studies*, 2017, 38 (11): 1603-1624.

[205] Lewellyn, K. B., Maureen I., Muller K. CEO Power and Risk Taking: Evidence from the Subprime Lending Industry [J]. *Corporate Governance: An International Review*, 2012, 20 (3): 289-307.

[206] Li F., Li T., Minor D. CEO Power, Corporate Social Responsibility, and Firm Value: A Test of Agency Theory [J]. *International Journal of Managerial Finance*, 2016, 12 (5): 611-628.

[207] Li F. Endogeneity in CEO Power: A Survey and Experiment [J]. *Investment Analysts Journal*, 2016, 45 (3): 149-162.

[208] Li Y., Gong M., Zhang X. Y., et al. The Impact of Environmental, Social and Governance Disclosure on Firm Value: the Role of CEO Power [J]. *The British Accounting Review*, 2018, 50 (1): 60-75.

[209] Lisic L. L., Neal T. L., Zhang I. X., et al. CEO Power, Internal Control Quality and Audit Committee Effectiveness in Substance versus in Form [J]. *Contemporary Accounting Research*, 2016, 33 (3): 1199-1237.

[210] Liu, Y., Jiraporn P. The Effect of CEO Power on Bond Ratings and Yields [J]. *Journal of Empirical Finance*, 2010, 17 (4): 744-762.

[211] March J. C., Power of Power, in D. Eston (ed.) Varieties of Political Theory [M]. *Upper Saddle River*, NJ: Prentice Hall Press, 1966.

[212] Martin A. D., Nishikawa T., Williams M. A. CEO Gender: Effects on Valuation and Risk [J]. Quarterly Journal of Finance and Accounting, 2009, 48 (3): 23-10.

[213] Miller D., Breton-Miller I. Family Governance and Firm Performance: Agency, Stewardship, and Capabilities [J]. *Family Business Review*, 2006, 19 (1): 73-87.

[214] Morse A., Nanda V., Seru A. Are Incentive Contracts Rigged by Powerful

CEOs? [J]. *The Journal of Finance*, 2011, 66 (5): 1779-1821.

[215] Muttakin M. B., Khan A., Mihret D. G. The Effect of Board Capital and CEO Power on Corporate Social Responsibility Disclosures [J]. *Journal of Business Ethics*, 2018, 150 (1): 41-56.

[216] Norburn D. The Chief Executive: A Breed Apart Strategic [J]. *Management Journal*, 1989, 10 (1): 1-15.

[217] Ocasio W. Political Dynamics and the Circulation of Power: CEO Succession in US Industrial Corporations, 1960—1990 [J]. *Administrative Science Quarterly*, 1994, 39 (6): 285-312.

[218] Oler D., Olson B., Skousen C. Governance, CEO Power and Acquisitions [J]. *Corporate Ownership and Control*, 2010, 7 (3): 430-447.

[219] Park J. H., Kim C., Chang Y. K., et al. CEO Hubris and Firm Performance: Exploring the Moderating Roles of CEO Power and Board Vigilance [J]. *Journal of Business Ethics*, 2018, 147 (4): 919-933.

[220] Pollock T. G., Fisher H. M., Wade J. B. The Role of Power and Politics in the Repricing of Executive Options [J]. *Academy of Management Journal*, 2002, 45 (6): 1172-1182.

[221] Pradyot K. S. Ownership Incentives and Management Fraud [J]. *Journal of Business Finance and Accounting*, 2007, 34 (7): 1123-1140.

[222] Preffer J. Powers in Organizations [M]. *Marshfield, MA: Pitman Publishing*, 1981.

[223] Rabe W. F. Managerial Power [J]. *California Management Review*, 1962, 4 (3): 31-39.

[224] Rajan G., Wulf J. Are Perks Purely Managerial Excess? [J]. *Journal of Political Eonomocy*, 2006, 79 (1): 1-33.

[225] Rickling M. F., Sharma D. S. Audit Committee Cash Compensation and Propensity of Firms to Beat Earnings by A Large Margin: Conditional Effects of CEO Power and Agency Risks [J]. *International Journal of Auditing*, 2017, 21 (3): 304-323.

[226] Romano M., Cirillo A., Mussolino D., et al. CEO Career Horizons and When to Go Public: the Relationship between Risk-taking, Speed and CEO Power [J]. *Journal of Management and Governance*, 2019, 23 (1): 139-163.

[227] Rucker D. D., Dubois D., Galinsky A. D. Generous Paupers and Stingy Princes: Power Drives Consumer Spending on Self versus Others [J]. *Journal of Consumer Research*, 2011, 37 (6), 1015-1029.

[228] Schmid S., Altfeld F., Dauth T. Americanization as a Driver of CEO Pay in Europe: the Moderating Role of CEO Power [J]. *Journal of World Business*, 2018, 53 (4): 433-451.

[229] Sheikh S. An Examination of the Dimensions of CEO Power and Corporate Social Responsibility [J]. *Review of Accounting and Finance*, 2019, 18 (2): 221-244.

[230] Skantz T. R. CEO Pay, Managerial Power and SFAS 123 (R) [J]. *The Accounting Review*, 2012, 87 (6): 2151-2179.

[231] Smith P. K., Bargh J. A. Nonconscious Effects of Power on Basic Approach and Avoidance Tendencies [J]. *Social Cognition*, 2008, 26 (1): 1-24.

[232] Srinidhi B., Gul F. A., Tsui J. Female Directors and Earnings Quality [J]. *Contemporary Accounting Research*, 2011, 28 (5): 1610-1644.

[233] Stinerocka R. N., Sternb B. B., Solomon M. R. Gender Differences in the Use of Surrogate Consumers for Financial Decision-Making [J]. *Journal of Professional Services Marketing*, 1991, 7 (2): 167-182.

[234] Su C., Littlefield J. E. Entering Guanxi: A Business Ethical Dilemma in Mainland China? [J]. *Journal of Business Ethics*, 2001, 33 (3): 199-210.

[235] Torelli C. J., Shavitt S. Culture and Concepts of Power [J]. *Journal of Personality and Social Psychology*, 2010, 99 (4): 703-723.

[236] Walls J. L., Berrone P. The Power of One to Make A Difference: How Informal and Formal CEO Power Affect Environmental Sustainability [J].

Journal of Business Ethics, 2017, 145 (2): 293-308.

[237] Westphal, J. D., Zajac E. J. Who Shall Govern? CEO/Board Power, Demographic Similarity and New Director Selection [J]. *Administrative Science Quarterly*, 1995, 40 (1): 60-83.

[238] Wu X. Corporate Governance and Corruption [J]. *Administration and Institutions*, 2005, 18 (2): 151-170.

[239] Yalamov T., Belev B. Corporate Governance: An Antidote to Corruption-Examples/Lessons Learned in Bulgaria and Transition Countries [J]. *Social Science Electronic Publishing*, 2011, 26 (3): 33-36.

[240] Zarb B. J. Do Credible Financial Reporting and Government Intervention Play A Role in Preventing Corruption [J]. *Journal of International Business and Economics*, 2007, 7 (1): 149-163.

[241] Zuckerman M. Behavioral Expressions and Biosocial Bases of Sensation Seeking [M]. *New York: Cambridge University Press*, 1994.

后　记

寒来暑往，春华秋实，苦读五载，博士毕业论文完稿之时，不觉百感交集。回顾漫漫求学路，脑海中涌现出许多熟悉的身影。若没有恩师的悉心指导、挚友同窗的热心相助、亲人的无私关怀，恐怕我将无法克服自身的畏难情绪而学业无成，抱憾终生。在即将迎来曙光之际，我要向诸位表达自己由衷的感谢。

感谢我的导师张蕊教授。从论文选题到大纲拟定，从框架设计到论文撰写，每一个环节都凝结了您诸多心血。学生愚钝，每每不得研学之法时，您总能耐心为我指点迷津、开拓思路。您博学睿智、知性优雅，恰如您的英文名“Flora”，是学生心中永远敬慕的“花神”。学生虽不能学及恩师之万一，但您深厚的学术造诣、严谨的治学态度、典雅的人格魅力，将令学生受益终生。

感谢曹玉珊教授、蒋尧明教授、刘骏教授、彭晓洁教授、章卫东教授、邹玲教授，在我学位论文开题评议之时提出了许多中肯、富有建设性的建议。感谢廖义刚教授、管考磊副教授与熊家财副教授，施以援手助我完善论文框架和行文逻辑。感谢荣莉教授，在我刚上大学时引领我初入会计专业的知识殿堂，在我攻读博士学位期间给予我鼓励和肯定。感谢肖尧春教授与余新培教授长久以来在学习和工作方面关心和帮助我。

感谢李宁、饶斌、黎毅、陈鹰、杨书怀、方芳、章琳一、于海燕、李南海等师兄（弟）、师姐（妹）们，让我感受到同门大家庭的温暖。感谢肖洁、罗国民、钟爱贞、余雁，同窗岁月里与我切磋学问、把盏言欢。感谢龚循扬，炎炎夏日与我并肩作战，手工搜集和整理数据，心向博士（硕士）学位而共同努力。感谢刘杨晖，在我碰到数据分析问题时授我以渔，解我燃眉之急。

感谢我的父母、公婆，含辛茹苦地帮我操持家务、默默付出。感谢我的丈夫，对我包容和支持，在我撰写论文的关键时期，虽工作繁忙亦仍承担教育孩子的重担。感谢我的儿子，在我情绪不佳时会唤一声“妈妈，淡定”，予我爱的抱抱，以七岁孩童的稚嫩手笔写下《我爱妈妈》的诗作，让我热泪盈眶。

感激之情无以言表，最后，谨以鄙诗一首敬谢诸位。

师恩如山意浓浓，谆谆教诲记心头。
挚友相伴书山径，同窗共行学海舟。
亲情润物细无声，绵长悠远感戴恩。
片语只言难尽述，此生不忘谢乃情。

陈丹

2022 年 4 月 2 日